U0146592

安般守意經

中國佛教經典寶藏精選白話版

116

杜繼文釋譯

星雲大師總監修

佛光山宗務委員會印行

總序

自讀首楞嚴，從此不嚐人間糟糠味；
認識華嚴經，方知己是佛法富貴人。

星雲

誠然，佛教三藏十二部經有如暗夜之燈炬、苦海之寶筏，爲人生帶來光明與幸福，古德這首詩偈可說一語道盡行者閱藏慕道、頂戴感恩的心情！可惜佛教經典因爲卷帙浩瀚，古文艱澀，常使忙碌的現代人有義理遠隔、望而生畏之憾，因此多少年來，我一直想編纂一套白話佛典，以使法雨均霑，普利十方。

一九九一年，這個心願總算有了眉目，是年，佛光山在中國大陸廣州市召開「白話佛經編纂會議」，將該套叢書訂名爲《中國佛教經典寶藏》。後來幾經集思廣益，大家決定其所呈現的風格應該具備下列四項要點：

一、啟發思想：全套《中國佛教經典寶藏》共計百餘冊，依大乘、小乘、禪、淨、密等性質編號排序，所選經典均具三點特色：

1歷史意義的深遠性

2中國文化的影響性

3人間佛教的理念性

二、通順易懂：每冊書均設有譯文、原典、注釋等單元，其中文句鋪排力求流暢通順，遣詞用字力求深入淺出，期使讀者能一目了然，契入妙諦。

三、文簡義賅：以專章解析每部經的全貌，並且搜羅重要章句，介紹該經的精神所在，俾使讀者對每部經義都能透徹瞭解，並且免於以偏概全之謬誤。

四、雅俗共賞：《中國佛教經典寶藏》雖是白話佛典，但亦兼具通俗文藝與學術價值，以達到雅俗共賞、三根普被的效果，所以每冊書均以題解、源流、解說等章節，闡述經文的時代背景、影響價值及在佛教歷史和思想演變上的地位角色。

茲值佛光山開山三十週年，諸方賢聖齊來慶祝，歷經五載、集二百餘人心血結晶的百餘冊《中國佛教經典寶藏》也於此時隆重推出，可謂意義非凡，論其成就，則有四點成就可與大家共同分享：

一、佛教史上的開創之舉：民國以來的白話佛經翻譯雖然很多，但都是法師或居士個人的開示講稿或零星的研究心得，由於缺乏整體性的計劃，讀者也不易窺探佛法之堂奧。有鑑於此，《中國佛教經典寶藏》叢書突破窠臼，將古來經律論中之重要著作，作有系統的整理，爲佛典翻譯史寫下新頁！

二、傑出學者的集體創作：《中國佛教經典寶藏》叢書結合中國大陸北京、南京各地名校的百位教授學者通力撰稿，其中博士學位者佔百分之八十，其他均擁有碩士學位，在當今出版界各種讀物中難得一見。

三、兩岸佛學的交流互動：《中國佛教經典寶藏》撰述大部份由大陸飽學能文之教授負責，並搜錄臺灣教界大德和居士們的論著，藉此銜接兩岸佛學，使有互動的因緣。編審部份則由臺灣和大陸學有專精之學者從事，不僅對中國大陸研究佛學風氣具有帶動啓發之作用，對於臺海兩岸佛學交流更是助益良多。

四、白話佛典的精華集粹：《中國佛教經典寶藏》將佛典裏具有思想性、啓發性、教育性、人間性的章節作重點式的集粹整理，有別於坊間一般「照本翻譯」的白話佛典，使讀者能充份享受「深入經藏，智慧如海」的法喜。

今《中國佛教經典寶藏》付梓在即，吾欣然為之作序，並藉此感謝慈惠、依空等人百忙之中，指導編修；吉廣輿等人奔走兩岸，穿針引線；以及王志遠、賴永海等大陸教授的辛勤撰述；劉國香、陳慧劍等臺灣學者的周詳審核；滿濟、永應等「寶藏小組」人員的匯編印行。由於他們的同心協力，使得這項偉大的事業得以不負眾望，功竟圓成！

《中國佛教經典寶藏》雖說是大家精心擘劃、全力以赴的鉅作，但經義深邈，實難盡備；法海浩瀚，亦恐有遺珠之憾；加以時代之動亂，文化之激盪，學者教授於契合佛心，或有差距之處。凡此失漏必然甚多，星雲謹以愚誠，祈求諸方大德不吝指正，是所至禱。

一九九六年五月十六日於佛光山

編序

敲門處處有人應

《中國佛教經典寶藏》是佛光山繼《佛光大藏經》之後，推展人間佛教的百冊叢書，以將傳統《大藏經》菁華化、白話化、現代化為宗旨，力求佛經寶藏再現今世，以通俗親切的面貌，溫渥現代人的心靈。

佛光山開山三十年以來，家師星雲上人致力推展人間佛教不遺餘力，各種文化、教育事業蓬勃創辦，全世界弘法度化之道場應機興建，蔚為中國現代佛教之新氣象。這一套白話菁華大藏經，亦是大師弘教傳法的深心悲願之一。從開始構想、擘劃到廣州會議落實，無不出自大師高瞻遠矚之眼光；從逐年組稿到編輯出版，幸賴大師無限關注支持，乃有這一套現代白話之大藏經問世。

這是一套多層次、多角度、全方位反映傳統佛教文化的叢書，取其菁華，捨其艱澀，希望既能將《大藏經》深睿的奧義妙法再現今世，也能爲現代人提供學佛求法的方便舟筏。我們祈望《中國佛教經典寶藏》具有四種功用：

一、是傳統佛典的菁華書——中國佛教典籍汗牛充棟，一套《大藏經》就有九千餘卷，窮年皓首都研讀不完，無從賑濟現代人的枯槁心靈。《寶藏》希望是一滴濃縮的法水，既不失《大藏經》的法味，又能有稍浸即潤的方便，所以選擇了取精用弘的摘引方式，以捨棄龐雜的枝節。由於執筆學者各有不同的取捨角度，其間難免有所缺失，謹請十方仁者鑒諒。

二、是深入淺出的工具書——現代人離古愈遠，愈缺乏解讀古籍的能力，往往視《大藏經》爲艱澀難懂之天書，明知其中有汪洋浩瀚之生命智慧，亦只能望洋興歎，欲渡無舟。《寶藏》希望是一艘現代化的舟筏，以通俗淺顯的白話文字，提供讀者遨遊佛法義海的工具。應邀執筆的學者雖然多具佛學素養，但大陸對白話寫作之領會角度不同，表達方式與臺灣有相當差距，造成編寫過程中對深厚佛學素養與流暢白話語言不易兼顧的困擾，兩全爲難。

三、是學佛入門的指引書——佛教經典有八萬四千法門，門門可以深入，門門是無限寬廣的證悟途徑，可惜缺乏大衆化的入門導覽，不易尋覓捷徑。《寶藏》希望是一支指引方向的路標，協助十方大衆深入經藏，從先賢的智慧中汲取養分，成就無上的人生福澤。然而大陸佛教於「文化大革命」中斷了數十年，迄今未完全擺脫馬列主義之教條框框，《寶藏》在兩岸解禁前即已開展，時勢與環境尚有諸多禁忌，五年來雖然排除萬難，學者對部份教理之闡發仍有不同之認知角度，不易滌除積習，若有未盡中肯之辭，則是編者無奈之咎，至誠祈望碩學大德不吝垂教。

四、是解深入密的參考書——佛陀遺教不僅是亞洲人民的精神皈依，也是世界衆生的心靈寶藏，可惜經文古奧，缺乏現代化傳播，一旦龐大經藏淪爲學術研究之訓詁工具，佛教如何能紮根於民間？如何普濟僧俗兩衆？我們希望《寶藏》是百粒芥子，稍稍顯現一些須彌山的法相，使讀者由淺入深，略窺三昧法要。各書對經藏之解讀詮釋角度或有不足，我們開拓白話經藏的心意卻是虔誠的，若能引領讀者進一步深研三藏教理，則是我們的衷心微願。

在《寶藏》漫長五年的工作過程中，大師發了兩個大願力——一是將文革浩刧斷滅將盡的中國佛教命脈喚醒復甦，一是全力扶持大陸殘存的老、中、青三代佛教學者之生活生機。大師護持中國佛教法脈與種子的深心悲願，印證在《寶藏》五年艱苦歲月和近百位學者身上，是《寶藏》的一個殊勝意義。

謹呈獻這百餘册《中國佛教經典寶藏》為　師父上人七十祝壽，亦為佛光山開山三十週年之紀念。至誠感謝三寶加被、龍天護持，成就了這一椿微妙功德，惟願《寶藏》的功德法水長流五大洲，讓先賢的生命智慧處處敲門有人應，普濟世界人民衆生！

目錄

題解

這裏校勘注釋和白話翻譯的是《佛說大安般守意經》全文，分上、下兩卷。原本出自中華書局編輯出版的《中華大藏經》第三十八卷。其上卷，是影印的《金藏》廣勝寺本，下卷是影印的《高麗藏》。都同時附有校勘記，將《磧砂藏》（略作《磧》）、《永樂南藏》（略作《南》）、《資福藏》（略作《資》）、《普寧藏》（略作《普》）、《徑山藏》，又稱《嘉興藏》（略作《徑》）、《清藏》，又稱《龍藏》（略作《清》），和《房山石經》（略作《石》）等多種善本的差別，一一校出，可以說，是現行大藏經中最完善的一種。我充分利用了這些校勘成果，又參對了國內通行的《頻伽藏》，以及與之相關的其他譯籍加以勘定，想盡力使他更加符合原貌一些。

本經的譯者安清，字世高，或尊爲安侯，是有史記載最早的知名譯家。南朝梁僧祐的《出三藏記集》和慧皎的《高僧傳》等均爲之作傳。他本是安息國人，東漢桓帝初年（約公元一四七年）進入洛陽。靈帝末年（約公元一八八年）關洛擾亂，乃杖錫江南，先後到過潯陽、豫章、廣州，卒於會稽。所譯經籍，《道安錄》記有三十四部，四十卷；《長房錄》增補到一百七十六部，一百九十餘卷；《開元錄》刊定爲九十

五部，一百十五卷，現存二十二部，二十六卷。❶

安世高譯介的佛學特點，僧祐在《安世高傳》中概括爲「尤精阿毘曇學、諷持禪經，略盡其妙」。此「阿毘曇學」和「禪經」，指的是詮釋佛理和修持禪法，道安稱之爲「禪數」。這一主導思想，在《安般守意經》中有相當集中的反映，可以作爲安世高的主要代表作。其影響的廣泛，流傳的久遠，也以此經爲最。

關於本經的譯本，諸家經錄所記頗不一致。《出三藏記集·新集經論錄》載，安世高於桓帝時譯出：《安般守意經》一卷，《安錄》云：「《小安般經》」；另別記有《大安般經》一卷」。隋代法經的《衆經目錄·小乘修多羅藏錄》云：「《大安般經》一卷，《安般守意經》一卷」，均題後漢安世高譯。《歷代三寶紀》卷四，記：「《安般守意經》二卷或一卷，道安云《小安般》。見朱士行《漢錄》及僧祐、李廓《錄》同。」又記：「《大安般經》一卷或二卷，道安注解，見《祐錄》；或云《大安般集經》。」至唐代，《大唐內典錄》所記與《歷代三寶紀》相近，而似有錯亂。《大周刊定衆經目錄》則據《長房錄》（即《歷代三寶紀》）謂：「《安般經》一卷」，「《大安般守意經》一部二卷，或一卷，四十五紙」；另據《內典錄》所說：「《

大安般經》一部二卷，或一卷，二十紙」。最後是《開元錄》記：「《大安般守意經》二卷（原文作一卷，據《貞元錄》改），或一卷。或無『守意』字，或直云《安般》。安公云：《小安般》，兼注解。《祐錄》（即《出三藏記集》）別載《大安般》一卷，《房錄》更載《安般》一卷，並重也。見士行、僧祐、李廓之《錄》。」

《經錄》記載上的這些差別，說明當時流行的抄本甚多，但總歸有兩個底本，一爲二十紙本，一爲四十五紙本。前者當爲安世高的原譯本，即道安所說的《小安般經》；四十五紙本爲注解本，即《祐錄》所說的《大安般經》。到了《開元錄》，始將這兩個本子合而爲一，或即採用注解本，並定名爲《大安般守意經》，也就是我們今天見到的本子。❷

所有經錄，均將此經的注解歸爲道安，與事實大有出入。據康僧會作〈安般守意經序〉，謂此經由「陳慧注義，余助斟酌」；道安的〈安般注序〉說：「魏初康會爲之注義，義或隱而未顯者，安竊不自量，敢因前人爲解其下」；謝敷在其〈安般守意經序〉中更說，他曾「推檢諸數，錄求明證，遂相繼續撰爲注義，並抄撮《大安般》、《修行》諸經事相應者，引而合之。或以隱顯相從，差簡搜尋之煩。」其所抄撮的

《大安般》，指有注解的本子；《修行》，是指安世高的另一譯籍《道地經》，此經到了西晉的竺法護，又增添了許多大乘的思想，擴大爲七卷本，題名《修行道地經》。因此，迄於東晉，《安般守意經》最少也有陳慧、康僧會、道安、謝敷等四家注解，而且揉入了《道地經》的內容。現存的《大安般守意經》中有「五十五事」、「十九病」等說，即可與《修行道地經》的說法相參照，否則就不可解。其注解的方式，也與所謂「推檢諸數」、「隱顯相從」相似。據此推斷，現存本可能就是謝敷的注解本。

禪法傳入中國的確切年代，不甚可考，但至少不會遲於佛典的翻譯。被認爲最早的譯籍是《四十二章經》，其中有兩段話就與禪法很有關係。一是「佛告沙門，愼無視女人」，如果意爲所動，「當諦惟觀，自頭至足，自內觀：唯盛惡露不淨種，以釋其意。」二是「佛問諸沙門，人命在幾間？」有的回答在「數日間」，有的回答在「飯食間」，佛都認爲「未能爲道」；只有最後一個沙門回答說，人命在「呼吸間」，得到佛的讚歎：「善哉，子可謂爲道矣！」前者是標準的不淨觀；後者屬於數息觀，也就是「安般守意」要直接得出的結論：所謂人生「微脆」。

這兩種禪法在中國佛教中流通最早，被併稱爲「二甘露門」。不淨觀的一項主要功能是親證四諦中苦諦的理論內容，著重解決對人身的認識和貪愛問題，所以廣泛地表現在種種經典和種種修持中；數息觀的觀想對象是呼吸，其功能在引導心理趨向絕對的寧靜，控制注意力的方向，是導向「禪」的門徑，禪的意味最足，所以需要特別專門的詮釋。這部《安般守意經》擔負的就是這項任務，他在中國佛教史上的地位，亦在於斯。要想對中國的禪法追本溯源，要想把握佛教禪法的早期結構和運作程序，不看這部佛經不行；要想探討佛教禪法同道家的呼吸吐納以及醫學的養生氣功之歷史交涉，也不能離開對這部文獻的了解。

但是這部佛典實在難讀，儘管譯者作了很大努力，不通的地方依然難免。《高麗藏》的雕造者在此經的後面有個說明，認爲原來的經本「似是書者之錯，經、注不分而連書者也，義當節而注之，然而多有不可分處，故不敢擅節。」從雕印古書的角度說，這態度是嚴肅的，但也表明，難以讀通的原因，與原本的結構有直接的關係。其中之一，是本來可以連貫的思想，中間突然插進一些不相干的說法，顯得邏輯混亂。這大約與抄寫者把經文與注疏攪在一起，不作分別造成的。至於前後交錯，釋義不一，甚至相互矛盾，所在亦多，這顯是由於注疏者衆多，且理解不一造成的。

此外，此經的用詞含義模糊，也令人頗費斟酌。例如，經文多用「諦」字，有的明確注明四諦，屬佛教的基礎教理；但有的諦，是指諦視，審視的意思，屬心理上的一種集中專注狀態。這樣，下卷中的「從諦觀」、「從諦守諦」的諦，就可作雙重理解：如果解作四諦，就屬於觀，指把握佛教的基礎理論；如果解作注意力集中，就屬於「止」，即禪心理的運轉特徵，與唐代譯作「心一境性」的含義相近。再如作爲此經最基本範疇的「意」，有時與「心」、「念」等詞混淆爲一，指謂一切精神現象，但又往往特指某一種心理或認識功能。這同後來翻譯瑜伽行派經典那樣的定義清楚、界說明確，大不相同。又如「索」字，可有三義：索求（取）、繩索、索盡，經文兩次使用，含義顯然有別。類似這樣的詞不少，有時很難斷定它們是在哪種意義上被使用的。

這種詞義的模糊性，是外來經典譯爲漢文的早期，所不可避免的現象。例如「菩提」之譯爲「道」，「眞如」之譯爲「本無」，都是在經歷了數百年才弄得準確的。學術界一般認爲這種現象之發生，與佛教初傳中國時，多從道家思想作理解有關係。

這當然是重要的一面。但我認爲，這也與古漢文自身的特點有關係。多數古文涵蓋面廣，可發明的意義不易窮盡，一字多義，甚至歧義者屢見不鮮。這種情況，爲漢語文兼容佛教的特殊概念，提供了非常有利的條件，也使得我們的先人發揮外來的佛教思想得心應手。因此，在此經的經文中，隨意釋義，任情解說的地方，俯拾皆是。我們不應當用後來弄準確的概念去苛求初期的譯文，當然也不宜用現代的理解和思想去引伸或曲解經典的本義。這也是注釋和譯介這部經典的困難之處。

一個時代有一個時代的思潮，有一個時代的文風。盡最大可能保持原典的思想風貌，是我在譯注這部經典中力圖遵循的一條原則。但能否做到這一點，是另外一個問題了。

此經有少數外來語的音譯，我在其他譯籍中尚未見到，一時難以斷定它們的語種及其對應的漢文意思。所以雖然也作了一些注釋，恐怕依然不妥，希望能得到研究西域文或梵文的專家訂正。又，在經文中，凡屬佛教常識性的詞語，一般的佛教辭書都有解說，所以也不別作注釋，或點到爲止；有關安世高譯籍中特殊使用的名數，解釋相對多一些，但也僅限於有助理解原文上。

注釋：

❶現存本數，據呂澂先生統計，見《安世高》、《中國佛教》㈡，中國佛教協會編。

❷據《金藏》和《麗藏》刻本，《佛說大安般守意經》正文為四十四版，與《大周錄》所記四十五紙接近；加上康僧會序，總為四十七版。另有題為「趙城縣廣勝寺」的佛像一版。

經
典

1卷上

譯文

佛在越祇國，舍羈瘦國。另有一說，此國名遮匿迦羅。那時佛在坐禪，行安般守意九十天，佛即獲得。佛之所以獨坐九十天，是在思惟籌量如何度脫十方人及蜎飛蠕動等一切生類。佛然後說，我行安般守意九十天，在於通過安般守意獲取自在的慈愛萬有的意念，由此再行安般守意，將所得的慈念，運用於一切意念。

原典

佛說大安般守意經卷上❶

後漢三藏安世高譯❷

佛在越祇國❸，舍羈瘦國❹。亦說一名遮匿迦羅國。時佛坐行安般守意❺九十日，佛得❻。佛復獨坐九十日者，思惟校計❼，欲度脫十方人❽及蜎飛蠕動之類❾。復言

：我行安般守意九十日者，安般守意得自在慈念意❿，還行安般守意，以復取意行念也。

注釋

❶卷上的底本為《金藏》廣勝寺本，即《趙城藏》。

❷譯者，《資》、《普》作後漢沙門安世高譯；《磧》、《南》、《徑》、《清》作後漢安息國三藏法師安世高譯；《麗》作後漢安息三藏安世高譯。

❸**越祇國**：或為月氏國的佛典古譯。本經出時，可能在月氏的極盛期間。譯者是安息人，月氏勢力曾進入安息領域，同時佔領此印度地區。

❹**舍羇瘦國**：或為舍衛國的古譯。《增一阿含》卷七〈安般品〉稱，時佛在舍衛國祇樹給孤獨園。

❺**安般守意**：是安那般那守意的略稱。安那般那為梵文Ānāpāna的音譯，意譯入出息，即呼吸。安那略作安，指入息（吸），般那略作般，指出息（呼）。守意指控制思惟意念活動，與後來譯為念的含義相近。所以安般守意就是念安般、持息念、數

息觀等的古譯，是在中國傳播時間最長、範圍最廣的禪法之一。

❻「佛得」，《資》、《麗》無。

❼**思惟校計**：思惟，即思考；校計，計較籌算，指縝密細緻的思考。

❽「人」，《資》、《磧》、《普》、《南》、《徑》、《清》無，不從。

❾**蜎飛蠕動之類**：蜎飛蠕動，原出道家典籍，指飛蟲蛆蛹等弱小動物。此處泛指除人之外的一切有情生類。

❿**慈念意**：此處念即是意，或慈念之意。慈念衆生、仁愛萬有，是慈悲喜捨所謂四無量心之首。

譯文

安，指身；般，指息；守意，指道。守的意思是禁，也稱作不犯戒。禁也有護的意思；護指普遍護持一切言行，不要犯戒。由守所護意，就是令意安息，也就是從事於道。

安，指生；般，指滅；意，指生滅的因緣條件；守，指從事於道。

安，指數息；般，指相隨；守意為止。

安，指專念於道，般，指解除煩惱諸結；守意，指不墮於罪行。

安，指避免犯罪；般，指不入罪行；守意即是從事於道。

安，指心理安定；般，指莫使心理動搖；守意，是令意念不擾亂。安般守意的意思，就是駕馭自己的意念，直到獲得涅槃。

安，指有；般，指無。意念有不能得道，意念無不能得道。既不念有，也不念無，才是相應於空的禪定，意隨順於道運行。所謂有，指世界萬物；所謂無，指心理安定寧靜，也就是空。

安，指人生本原；般，指無處所；行道的人知人生本無所從來，也知人滅無處所。這就是守意。

安，指清；般，指淨；守，指無；意，指為；數息守意即是清淨無為。所謂無，意思是活；所謂為，意思是生；不再得苦，所以叫做活生。

安，指未起；般，指起畢；如果意未生起，便是守意；如果意已起畢，便是守意；如果意生起任其走動，是不守意，應當回來再守。所以佛說為安般守意。

安，爲領受色、受、想、行、識等五陰；般，爲除滅五陰；守意指覺知受滅五陰的因緣，不隨順身、口、意的活動。

所謂守意，無所執著爲守意，有所執著不是守意。爲什麼？因爲意起即滅，意不再起爲道，此即是守意。守意在於不令意生起。以生爲因有死，乃是不守意，所以莫令意死；有死因爲有生，所以意也不死，此即爲道。

原典

安爲身，般爲息，守意爲道。守者爲禁，亦謂不犯戒。禁者亦爲護，護者遍護一切，無所犯。意者，息意，亦爲道也。

安爲生，般爲滅，意爲因緣，守者爲道也。

安爲數❶，般爲相隨❷，守意爲止❸也。

安爲念道，般爲解結，守意爲不墮罪也。

安爲避罪，般爲不入罪，守意爲道也。

安爲定，般爲莫使動搖，守意莫亂意也。安般守意名爲御意，至得❹無爲❺也。

安爲有，般爲無。意念有不得道，意念無不得道；亦不念有，亦不念無，是應空定，意隨道行。有者，謂萬物；無者，謂疑❻，亦爲空也。

安爲本因緣，般爲無處所。道人知本無所從來，亦知滅無處所，是爲守意也。

安爲清，般爲淨，守爲無，意名爲，是清淨無爲也。無者謂活，爲者謂生；不復得苦，故爲活也。

安爲未，般爲起，已未起，便爲守意；若已意起❼，便爲守意。若已起意，便走，爲不守，當還❽。故佛說安般守意也。

安爲受五陰❾，般爲除五陰，守意爲覺因緣，不隨身口意也。

守意者❿，無所著爲守意；有所著不爲守意。何以故？意起復滅故，意不復起爲道，是爲守意。守意莫令意生。生因有死，爲不守意，莫令意死。有死因有生，意亦不死，是爲道也。

注釋

❶**數**：安般禪的第一步，全稱數息，默數自己的呼吸次數。此名「守意著息」。由此

獲得數定，由專注於數而得定。

❷**相隨**：安般禪的第二步，令意念隨從自己的呼吸運轉。所謂轉念著隨，正有二意。

❸**止**：安般禪的第三步，令意念唯一地專注於自己的鼻頭。

❹「至得」，底本作「至德」，諸本作「至得」，據諸本改。

❺**無爲**：借用道家術語，泛指一切無生滅現象，包括佛教所說的眞如、法性以及菩提、涅槃等。此處特指「涅槃」言。

❻**疑**：讀ni，止、息、安、定等義。此處指一種心理非常寧靜的狀態。

❼「便爲守意；若已意起」，《資》、《磧》、《普》、《南》、《徑》、《清》無。

❽「當還」，諸本作「當爲」，不從。

❾**五陰**：指色、受、想、行、識五類物理和心理現象。佛教以爲，眾生是五陰的和合，由於感受五陰之報，始有人生。

❿「守意者」，底本作「安守意」，諸本作「守意者」，據諸本改。

譯文

「安般守意」有十慧，即數息、相隨、止、觀、還、淨以及苦、集、滅、道等四諦。由此十慧成就安般守意。意思是說，要結合修行三十七品經才能成功。守意譬如燈火，有兩種功能：一是壞滅黑暗，二是現顯光明；守意的功能，一是壞滅癡闇，二是現顯明智。

所謂守意，意從種種因緣條件生起；應當把這些因緣條件作爲觀察的對象而不執著，此即是守意。守意有三種人：一種是堅守不亂，令意不得生起；第二種是，一旦生起，應當立即滅伏；第三種是，已經起意行事，應當轉向懺悔，決心億萬劫不再這樣做。

守與意的含義各不相同。護持十方，面對一切、覺知一切而不犯戒，此乃是守；覺知十方一切本性空寂無爲，此乃是意。合此二種差異，是守意。

守意中有四種樂：一是了知道理之綱要爲樂；二是了知佛所說法爲樂；三是了知專注於一境爲樂；四是了知行禪的恰當程度爲樂。此乃是四樂。

佛法爲行，得以成就爲道。（所以行道的意思，就是獲得佛法；或者說，得法即是行道。）

守意有六事，所謂數、隨、止、觀、還、淨。此六事有內有外，數、隨、止爲外；觀、還、淨爲內，都是爲了隨順於道。爲什麼？因爲念與息相隨追，爲「止、觀、還、淨」創造條件，爲的是訓練意志，令「意」親近於「道」。如果離開此六事，便是隨逐世間。

數息，爲的是遮止意的躁亂；相隨，爲的是聚歛意於專注；止，是令意定住於一境；觀，爲的是脫離世間意識的支配；還，爲了回轉唯一的「道意」；「淨」，爲的是堅守「道意」不動搖。因爲人們不能控制自己的意念活動，所以才修行此等六事。爲什麼數息？因爲意念躁亂。爲什麼不得？因爲尚不認識。爲什麼不得禪定？因爲沒有抛棄積習，爲證得寂滅而行道。

數息，譬如是土地；相隨，譬喻是犁；止，譬如是軛；則觀是種；還是雨；淨是收穫等行。修行此等六事，就是隨順於道。

數息，是爲斷除外界的干擾；相隨，是爲斷除內心的干擾；止，是爲制止種種罪行；觀，爲的是卻除世間意念；不受世間左右，即名爲還；意念全斷名之爲淨。意念躁亂，應當數息；意念專注，當求於相隨；意念斷除，當行於止；若想獲得道意，則應當觀；不趣向五陰（世間人生），應當修「還」；令世間意念全無所有，應當修「淨」。意念事多，應當修「數息」；意念事少，應當修「相隨」；要滅盡三界意念，應當修「止」；畏懼世間應當修「觀」；不希求世間是「還」；念想全斷是「淨」。

爲什麼「數息」？因爲不希望墮於五陰。爲什麼「相隨」？因爲希望認知五陰的道理。爲甚麼「止」？因爲希望觀察五陰的種種性相。爲什麼要觀察五陰？因爲希望認知人身本原。爲什麼要認知人身本原？因爲希望擯棄痛苦。爲什麼修「還」？因爲厭惡生死。爲什麼修「淨」？因爲分別五陰而不領受。由此便進入智慧之八正道，必得佛果，自己所願望的理想。

呼吸時要隨順於數；相隨時是隨順於念（專注）；止時爲進入定；觀時爲隨順於淨；還時爲隨順於「道意」；「淨」時爲隨順於「道」，也就是隨順修行八正道。

原典

安般守意有十黠❶，謂數息、相隨、止、觀、還、淨、四諦，是爲十黠成。謂合三十七品經❷爲行成也。守意譬如燈火，有兩因緣：一者壞冥，二者見明。守意，一者壞癡，二者見黠也。

守意，意從因緣生，當緣因緣；莫著，是守意也❸。守意有三輩，一者守令不得生；二者以生當疾滅；三者事已行，當從後悔。計億萬劫不復作也。

守與意各自異，護十方，一切覺對不犯，是爲守意❹。覺彼無爲，是爲意，是守意也❺。

守意中有四樂：一者知要樂；二者知法樂；三者爲知止樂；四者爲知可樂。是爲四樂。

法爲行，得爲道。

守意六事，爲有內外。數、隨、止是爲外，觀、還、淨是爲內。隨道也。何以故？念息相隨，止、觀、還、淨，欲習意近道故。離是六事，便隨世間也。

數息爲遮意，相隨爲斂意，止爲定意，觀爲離意，還爲一意，淨爲守意❻。用人不能制意，故行此六事耳。何以故數息？用意亂故。何以故不得？用不識故。何以故不得禪？用不棄習盡，證行道故也。

數息爲地，相隨爲犂，止爲軛❼，觀爲種，還爲雨❽，淨爲行，如是六事乃隨道也。

數息斷外，相隨斷內，止爲止罪行，觀却意，不受世間爲還❾，念斷爲淨也。意亂當數息，意定當相隨，意斷當行止，得道意當觀，不向五陰當還，無所有當爲淨也。多事當數息，少事❿當相隨，家⓫中意盡當行止，畏世間當觀，不欲世間爲還，念斷爲淨也。

何以故數息？不欲墮五陰故。何以故相隨？欲知五陰故。何以故止？欲觀五陰故。何以故觀陰？欲知身本故。何以故知身本？欲棄苦故。何以故爲還？厭生死故。何以故爲淨？分別五陰不受故。便墮黠慧八種道，得別⓬，爲得所願也。

行息時爲墮數，相隨時爲墮念，止時爲墮定，觀時爲墮淨，還時爲墮意，淨時爲墮道，亦爲墮行⓭也。

注釋

❶**黠**：即慧、智慧。

❷**三十七品經**：亦作三十七品經法，即三十七道品、三十七菩提分。所謂四意止、四意斷、四神足、五根、五力、七覺意、八種道行。

❸「是守意也」，諸本作「是爲守意也」，不從。

❹「是爲守意」，《麗》無「意」。

❺「是爲意，是守意也」，《資》、《磧》、《普》、《南》、《徑》、《清》爲「是爲守意也」。

❻**離意，還爲一意，淨爲守意**：離意的意，此處指與禪定相反的「散心」，或泛指世俗意識。意與守意有兩釋：一謂心不散失，即深入禪定；二謂專注於正確的佛教觀念，相當菩提心或求菩提之心，與道意同。

❼「軛」，《資》作「犖」，《磧》作「櫗」，《普》、《南》作「撈」，《徑》、《清》作「櫗」，皆誤。

❽「還爲雨」，底本作「還爲兩」，現據諸本改。

❾「不受世間爲還」，底本作「不受世間還」，現據諸本改。

❿**多事、少事**：指心理思慮事情的多少及焦慮的程度輕重。

⓫**家**：泛指世間三界，特指家庭、家族。

⓬**莂**：契約合同，是「授記」一詞的古譯。指未來必定成佛。此處指必得所希望的理想。

⓭**行**：此處指八正道。下文即稱八正道爲「八行」。

譯文

數息是四意止，相隨是四意斷，止是四神足，觀是五根、五力，還是七覺意，淨是八正道。（所以安般守意就是行三十七道品。）

已得數息效應而不行相隨，不是守意；已得相隨效應而不行止，不是守意；已得止的效應而不行觀，不是守意；雖已得觀而不行還，不是守意；雖已得還而不行淨，不是守意；得淨而堅持淨，乃是守意。

既已繫念於呼吸，惡即不生。其所以還要數，爲的是共同防止意，令其不隨逐色、聲、香、味、觸、法等六衰運轉。修行相隨，爲的是遠離六衰；修行止，爲的是除卻六衰；修行觀，爲的是切斷六衰；修行還，爲的是不領受六衰；修行淨，爲的是滅掉六衰。六衰消滅盡淨，便是入道。

數息是爲了阻遮意的縱任。呼吸有長有短，也應當阻遮長短的意念。爲甚麼？因爲守意是爲了止惡。惡既可以守護不犯，也可以不守護。爲甚麼？因爲惡已滅盡，不應當再去守護。

數息有三件事：一、應當坐行；二、見諸色身應當念想非常、不潔淨；三、應當通曉憤怒、猶豫、嫉妒等心理，令諸過去除。

數息發生錯亂，應當認識其原因，應當知道這是內意的問題。（但也可以分內外）一息（吸）錯亂的，是意向外的過錯，因爲息是從外吸入；二息（呼）錯亂的，是意向內的過錯，因爲息是從內呼出。因此，（在十次數息中）三、五、七、九息屬於外意，四、六、八、十息屬於內意。嫉妒、憤怒、猶豫等三意在內；殺、盜、婬、兩舌、惡口、妄言、綺語等七意及其相應的諸事，屬於外。意得到息是外，得不到息是內。數息隨意念生起，意念與息合爲一數。息至於終了，與意是一也不是一，因爲意在外而息尚未盡。譬如數錢，意在五銖而單位數是一。

數息之所以先數入息（吸），是因爲外有殺、盜等七惡，內有瞋恚等三惡，少不能勝多，所以先數入息以制之。

數息達不到預期的效用，是因爲失其本意。所謂「本意」，指佛教所說「非常、苦、空、非身」等有關人生的根本觀念；所謂「失」，指所行之意與此根本觀念相顚倒，也是失卻師教。所謂師，初坐禪時，從第一次數入息得到身體安適，便按次第修行，因爲失卻「本意」，所以數息達不到預期效用。數息之意，應當經常念想「非常、苦、空、非身」這些根本觀念，思惟息出也是滅失，息入也是滅失，由此知是得道，迅疾即當執持人生「非常」的恐懼觀念。獲得這種對「非常」的恐懼觀念，就是達到了數息的預期效用。

原典

數息爲四意止❶，相隨爲四意斷❷，止爲四神足❸念，觀爲五根❹、五力❺，還爲

七覺意❻，淨爲八行❼也。

得息不相隨，不爲守意；得相隨不止，不爲守意；得止不觀，不爲守意；得觀不還，不爲守意；得還不淨，不爲守意；得淨復淨，乃爲守意也。

已念息，惡不生。復數者，爲共遮意。不隨六衰❽故。行相隨，爲欲離六衰；行止，爲欲却六衰；行觀爲欲斷六衰；行還，不欲❾受六衰；行淨，爲欲滅六衰。已滅盡，便墮道也。

數息欲遮意，息中有長短，當復遮是長短意也。何以故？守意欲止惡故。惡亦可守，亦不可守。何以故？惡已盡，不當復守也。

數息有三事：一者當坐行；二者見色當念非常、不淨；三者當曉瞋恚、疑❿、嫉⓫，令過去⓬也。

數息亂者，當識因緣所從起，當知是內意。一息亂者，是外意過，息從外入故；二息亂者，是內意過，息從中出故。三、五、七、九屬外意，四、六、八、十屬內意。嫉、瞋恚、疑，是三意在內；煞（殺）、盜、婬、兩舌、惡口、妄言、綺語⓭是七意及餘事屬外也。得息爲外，不得息爲內，息從意生，念息合爲一數。息至盡數爲一，亦非一，意在外息未盡故。譬如數錢，意在五數爲一⓮也。

數息所以先數入者，外有七惡，內有三惡。用少不能勝多，故名⓯先數入也。

數息不得者，失其本意故。本意謂非常、苦、空、非身⓰；失是意墮顚倒故，亦爲失師。師者，初坐時，第一入息得身安，便次第行。爲失其本意，故不得息也。數息意常當念非常、苦、空、非身，計息出亦滅，入亦滅，已知是得道，疾當持非常恐意⓱，得是意即得息也。

注釋

❶**四意止**：亦譯作四念處、四念住等。三十七道品之一。指在禪定中，依靠特定的教理，分別觀察身、受、心、法的性相，從而獲得相應的認識。一般說，觀身不淨，觀受是苦，觀心非常，觀法無我。由此對治常、樂、我、淨的世俗觀念。

❷**四意斷**：也譯作四意念斷、四正勤、四正斷等。三十七道品之一，是用以止惡修善的禪法。一般說，指已生惡令永斷，未生惡令不生，來生善令生，已生善令增長。但本經的解釋不同，前後文也有差別。

❸**四神足**：亦譯作四如意足。三十七道品之一。據説能引發神通，達到隨意而行的一種禪定。一般按追求神通的禪觀性質分類，所謂欲、勤、心、觀。本經則按得神的部位分類，所謂身、口、意、道。

❹**五根**：指信根、能根（進根）、識根（念根）、定根、黠根（慧根），通稱五根。由於此五種法具有令信等增長的意義，所以稱其爲信等的根，三十七道品之一。

❺**五力**：由五根增長出來的五種力量：信力、進力、念力、定力、慧力，合稱五力。被認爲是推動佛教信仰不斷鞏固、發展的動力，三十七道品之一。

❻**七覺意**：亦譯作七菩提分、七覺支，三十七道品之一。據安世高譯《陰持入經》（上），七覺意的名稱順序是念、法、精進、愛可、猗、定、護。後亦譯作念、擇法、精進、喜、輕安、定、捨。

❼**八行**：亦稱八直行，後譯爲八正道、八聖道等，指正見、正思惟、正語、正業、正命、正精進、正念、正定。三十七道品之一。

❽**六衰**：指六識的對象，即色、聲、香、味、觸、法。佛教認爲此六種境，能驅使衆生隨逐，令善性衰滅，故名。

❾「不欲」，諸本作「爲欲不」，不從。

❿「疑」，《資》、《磧》、《普》、《南》、《徑》、《清》作「癡」。

⓫**瞋恚、疑、嫉**：瞋恚，憤怒、憎恨。疑，懷疑、猶豫不決；後文十惡中亦作癡，癡即無明，指缺乏智慧，愚闇。嫉，對他人成功的妒嫉。此三者均屬煩惱範圍，是佛教修持需要斷滅的心理情緒。又，嫉，《頻伽》作嬈。

⓬「令過去」，《麗》作「念過去」。

⓭**煞（殺）、盜、婬、兩舌、惡口、妄言、綺語**：殺，指殺生。盜，指偷盜，亦名不與取。婬，或謂邪婬，一般指不正當的男女關係。兩舌，亦名離間語，即挑撥離間的話。惡口，亦名粗惡語，下流的語言。妄言，亦名虛誑語，虛妄的謊言。綺語，亦名雜穢語，指邪婬的語言。此七項加上瞋恚、疑、嫉，被稱爲十惡、十惡業、十惡道、十不善等。據說，行此十惡者，當墮入地獄等諸惡趣中。反其道而行之名十善，能得世間人天等諸善果報。

⓮**五數爲一**：指漢武帝至隋唐發行的五銖錢，以五銖作爲一個貨幣單位。譬如數息，以十次呼吸爲一個單位。

⓯「故名」，《資》、《磧》、《普》、《南》、《徑》、《清》無，《麗》作「故」。

⓰**非常、苦、空、非身**：是四諦中的苦諦內容，也是一般佛教對世間人生的基本觀念。非常，亦作無常，指生滅迅速，人生苦短，不能常在。苦，是對人生本性的判斷。空，指人生畢竟無所有。非身，指身無所主，非我所有，後譯無我。

⓱**持非常恐意**：安般禪的功能之一，在證知人身脆危，人命繫於呼吸間，故上文說「計息出亦滅，入亦滅」，是人生非常的見證。由此能產生恐懼的危機感，以促進修習「出世間道」的必要性和緊迫性的認識。

譯文

入息和出息之所以有差異，在於出息屬五陰中的生死陰（行陰），入息屬五陰中的思想陰（想陰）；有時出息屬五陰中的痛癢陰（受陰），入息屬五陰中的識陰。因此，入出息有差異，行道的人應當分別這些觀念。又，所謂入息，爲的是不接受罪，所謂出息，爲的是除滅罪；所謂守意，爲的是遠離罪。入息是領受佛說因緣觀，出息是掌握因緣觀，守意是不離因緣觀。

數息達不到預期效用有三個原因：其一是罪的到來；二是行念而不守其念；三是不努力精進。

入息短，出息長，直到無有所念，此即是「道」。意有所念則是罪。罪惡在念外而不在內。數息時，若意離息，是喘息長；若意得息，是喘息短。心緒不安行息是長，心緒安定行息是短。意念萬物是長息，無有所念是短息。數息未到十息而壞亂，重新另數是長息；恰得十息是短息，爲什麼？因爲數到十爲止，不需再數。有時得息也是長，爲什麼？因爲息不休止，所以是長。喘息長自知，喘息短自知。意思是說，意念於息，自知長短。意念覺知長短，就是自知；意念不去覺知長短，就是不自知。

原典

入息出息所以異者，出息爲生死陰，入息爲思想陰；有時出息爲痛癢陰❶，入息爲識陰。用是異，道人當分別是意也。入息者爲不受罪，出息者爲除罪，守意者爲離罪；入息者爲受因緣，出息者爲到因緣，守意者爲不離因緣也。

數息不得，有三因緣：一者❷罪到，二者行不守❸，三者不精進也。

入息短，出息長，無所從念爲道，意有所念爲罪。罪惡❹在外，不在內也，數息時，有離意，爲喘息長，得息爲喘息短。不安行息爲長，定爲短。念萬物爲長，息無所念爲短。息未至十息壞，復更數爲長息，得十息爲短息。得息爲短，何以故？止不復數故。得息亦爲長，何以故？息不休故爲長也。喘息長自知，喘息短自知。謂意所在，爲自知長短。意覺長短爲自知，意不覺長短，爲不自知也。

注釋

❶**生死陰、思想陰、痛癢陰**：依次是五陰中的行陰、想陰、受陰的古譯。行陰之行，主要含義是意識的造作與遷流功能，造作屬業，流轉屬報，業報是生死的特徵，故譯行爲生死。想陰之想，主要含義爲取相與施設名言，相當表象和概念。佛教一般把思作爲行的一種功能，與想不同。受陰之受，指帶有倫理性質的主觀感受，所謂苦、樂、不苦不樂等；痛、癢等更偏重於生理方面的感受。

❷「一者」，底本作「者一」，據諸本改。

❸「行不守」，底本作「行不手」，《資》、《磧》、《普》、《南》、《徑》、《清》作「工」，《麗》作「不互」。現據前後文義改。

❹「惡」，《資》、《磧》、《普》、《南》、《徑》、《清》作「要」，不從。

譯文

行道的人行安般守意，目的在於止意。如何才能獲得止意？要聽講安般守意。什麼是安？什麼是般？安的意思是入息，般的意思是出息；意念與息不相分離，即名安般。

所謂守意，目的在於止意。對於現行者和新學者說，有四種安般守意行法。除兩惡、十六勝即時自知，就是安般守意行法，能令達到止意。是哪四種呢？一是數，二是相隨，三是止，四是觀。什麼是兩惡？呼吸計數不要超過十次，也不要少於十次。什麼是十六勝即時自知？喘息長即時自知；喘息短即時自知；喘息動身即時自知；喘息微細即時自知；喘息快即時自知；喘息不快即時自知；喘息止即時自知；喘息不止即時自知；喘息得歡喜心即時自知；喘息得不歡喜心即時自知；內心念想萬物已成過去，不可復得，於喘息中自知；內心不再有所思念，於喘息中自知；棄捐所思對象，於喘息中自知；不棄捐所思對象，於喘息中自知；放棄身軀性命，於喘息中自知；不放棄身軀性命，於喘息中自知。這就是「十六即時自知」。

問：莫過十數，莫滅十數是什麼意思？

答：數呼吸十次完畢而尚未再數，是爲過；數呼吸尚未十次完畢而再數，是爲滅。忘記計數是惡，數而不到也是惡，這就是兩惡。

數到二息而錯亂爲短息；達到九息而錯亂爲長息；達到第十息爲快息；數與息相隨順爲微。意若專注於長，便轉而意想：我爲什麼專念於長？若意專注於短，也應即時覺察，不得令意止，止就是執著。所謂放棄身軀性命，意思是：由行息而獲得道意（知身軀性命無常），便會放棄，不再愛著；未得道意，常愛己身，執著不放。息出入微細是道；息長則是生死，息短躁動也是生死。長相對於道乃是短。爲什麼？因爲不得道意，沒有知見，所以是短。

原典

道人行安般守意，欲止意。當何因緣得止意？聽說安般守意。何等爲安？何等爲般？安名爲入息，般名爲出息，念息不離，是名爲安般。

守意者，欲得止❶意。在行者、新學者，有四種安般守意行。除兩惡、十六勝即時自知，乃安般守意行，令得止意。何等爲四種？一爲數，二爲相隨，三爲止，四爲觀。何等爲兩惡？莫過十息，莫減十數。何等爲十六勝即時自知❷？喘息長即自知；喘息短即自知；喘息動身即自知；喘息微即自知；喘息快即自知；喘息不快即自知；喘息止即自知；喘息不止即自知；喘息歡即自知；喘息不歡❸即自知；內心念萬物已去，不可復得，喘息自知；內無所復思喘息自知；棄捐所思喘息自知；不棄捐所思喘息自知❹；放棄軀命喘息自知；不放棄軀命喘息自知。是爲十六即時自知也。

問：何等爲莫過十數，莫減十數？

報：息以盡未數是爲過，息未盡便數是爲減。失數亦惡，不及亦惡，是爲兩惡。

至二息亂爲短息，至九息亂爲長息，得十息爲快息，相隨爲微；意在長，便轉意

：我何以故念長？意在短即時覺，不得令意止，止爲著。放棄軀命者，謂行息，得道意，便放棄軀命。未得道意，常愛身故，不放棄軀命也。息細微爲道，長爲生死，短息動爲生死。長於道爲短，何以故？不得道意，無知見❺，故爲短也。

注釋

❶「止」，《麗》作「上」。

❷**十六勝即時自知**：通稱十六特勝，又譯作十六勝行。是反映數息念中由數息引生的心理專注、生理變化、觀想活動以及它們相互作用同體驗某些佛理的一系列運作過程，十六個次第。但有關這十六勝的具體內容，佛教各家説法不盡相同。本經強調，在數息全過程中，都要「即時自知」。表明它把這一禪定過程，始終置於覺察明晰的心理狀態。

❸「歡」，與前句「歡」字，《徑》、《清》均作「觀」，不從。

❹「不棄捐所思喘息自知」一句，底本無，據《麗》本補。

❺「知見」，《資》、《磧》、《普》、《南》、《徑》、《清》作「所知」。

譯文

數息是單一，相隨是複合，止是唯有一意；觀是認識意，還是行道，淨是入道。數的時候為念，數至十息為持，此是外禪；念身為不淨，隨順於空，此是內禪。禪法的功能是惡來不受，此名為棄。

閉口數息次數，息隨氣出入。知氣發自何處，滅於何處。意若別有念想，不得數息；息有快慢大小不勻，也不得數；耳聽到聲音噪雜，也不得數。數息若意專注於息的次數，此為不工巧。行意於意自身，乃可以止。數息若意只專注於息，此為不工巧，還應當知道意從何處生起，氣滅於何所。此乃是息數相應。由此因緣條件滅盡，便是獲得「定意」了。

所謂守意，指念想出入息終了，念繫於息不生惡，所以是守意。見息有因緣而生，無因緣而滅；因緣斷除，息即停止。數息屬「至誠」，息不亂屬「忍辱」。數息至於氣細微，不再感覺氣息出入；如此，應當守護一念，這就是「止」。息在身內，也在身外，獲得因緣息即發生，罪未滅盡，所以有息；斷滅因緣，息即不復再生。

數息爲的是進入第二禪。爲什麼？因爲不必依賴念想的功能，所以是進入第二禪。數息的次數，尙不算守意，念繫於息乃是守意。息從外吸入，息未終了，息入於意中，在於滅盡識之爲數所使。

十息有十種意念，爲十繫縛。其中相隨有二種意念，爲二繫縛；止有一種意念，爲一繫縛。得不到息的次數爲惡意，是意念與數不相繫縛。惡意停止，乃得爲數。由此和調，可以用意念繫縛。

已成就息，即遺棄息；已成就相隨，即遺棄相隨；已成就止，即遺棄止；已成就觀，即遺棄觀，莫復還。所謂莫復還，就是不要再回頭數息。

息也支使意念，意念也支使息。心有所念爲息支使意，心無所念爲意支使息。

息由四件事構成：一是風，二是氣，三是息，四是喘。有聲是風，無聲是氣，有出有入是息，氣出入不盡是喘。

原典

數息爲單，相隨爲複，止爲❶一意，觀爲❷知意，還爲行道，淨爲入道也。

數時爲念，至十息爲持❸，是爲外禪；念身不淨，隨空，是爲內禪。禪法惡來不受，是名爲棄。

問❹口數息，隨氣出入，知氣發❺何所，滅何所。意有所念，不得數；息有遲疾大小，亦不得數；耳聞聲亂，亦不得數也。數息意在息數，爲不工❻。行意在意❼，乃爲止。數息意但在息，是爲不工❽，當知意所從起，氣所滅，是乃應數。因緣盡便得定意也。

守意者，念出入息已，念息不生惡故，爲守意。息見因緣生，無因緣滅，因緣斷，息止也。數息❾爲至誠，息不亂爲忍辱。數息氣微，不復覺出入，如是當守一念，止也❿。息在身，亦在外，得因緣息生，罪未盡，故有息；斷因緣，息不復生。

數息以爲墮第二禪。何以故？用不待念，故爲墮第二禪也。數息爲不守意，念息乃爲守意。息從外入，息未盡，息在入意，在盡識在數也。

十息有十意，爲十絆。相隨有二意，爲二絆；止爲一意，爲一絆。不得息數爲惡，意不可絆，惡意止，乃得數，是爲和調，可意絆也。

已得息，棄息；已得相隨，棄相隨；已得止，棄止；已得觀，棄觀，莫復還。莫復還者，莫復數。

息亦使意，意亦使息。有所念爲息使意，無所念爲意使息也。

息有四事：一爲風，二爲氣，三爲息，四爲喘。有聲爲風，無聲爲氣，入爲息，氣出入不盡爲喘也。

注釋

❶❷「爲」，《資》、《磧》、《普》、《南》作「而」。

❸「持」，《資》、《磧》、《普》、《南》、《徑》、《清》作「待」，不從。

❹閇：「閉」之俗字。

❺「知氣發」，底本作法氣知，諸本作「知氣發」，據改。

❻「工」，底本作「手」，《資》、《普》、《南》、《徑》、《清》作「工」，據改。

❼「在意」，《資》、《磧》、《普》、《南》、《徑》、《清》無。

❽同注❻。

❾「數息」，《徑》作「故息」。

❿「止也」，《資》、《磧》、《普》、《南》、《徑》、《清》作「也止」，不從。

譯文

數息在於斷外；相隨在於斷內。若數隨從外來的入息，即是斷外，也是爲了脫離外在的因緣；若數隨從身內的呼出，那是爲了離卻內在的因緣。斷外，指身離因緣；斷內，指意離因緣。身離、意離，即是相隨，出息、入息乃是兩件事。

數息爲的是斷除內外因緣。什麼是內外？所謂眼、耳、鼻、舌、身、意等六根是內，色、聲、香、味、觸、念等六境爲外。

行息是爲了令意念趣向於空，目的僅在制止其餘的意念活動。爲什麼行息能做到趣向於空？因爲息中無所作爲。

數息時意念走離而不即時覺察，乃是罪重意輕。由於罪牽引意念迅疾走去，所以不能覺察。行道的人已經得息，就會自厭於息，意念希望轉離，不再想數。這樣做就是得息。相隨、止、觀也是如此。

知道出息入息滅，滅是得息的特徵；知道生死不再起用，是把握了生死的特徵。至此，達到四禪，但念想空，爲道栽種。

原典

數息斷外，相隨斷內。數從外入，爲斷外，亦欲離外因緣；數從中出，爲欲離內因緣。外爲身離，內爲意離。身離、意離，是爲相隨，出入息是爲二事也。

數息爲欲斷內外因緣。何等爲內外？謂眼、耳、鼻、口、身、意爲內，色、聲、香、味、細滑、念爲外也。

行息爲使意向空，但欲止餘意。何以爲向空？息中無所爲故也。

數息意走不即時覺者，罪重意輕。罪引意去疾故，不覺也。行道已得息，自厭息，意欲轉❶，不復欲數。如是爲得息。相隨止觀亦尒❷也。

知出入息滅，滅爲得息相；知生死不復用，爲得生死相。已，得四禪，但念空爲種道栽❸。

注釋

❶「息意欲轉」，諸本作此，本經作「息欲輕」。這裏取前者。

❷「尒」即「爾」。

❸「道栽」，底本作「道哉」，《資》、《磧》、《普》、《南》、《徑》、《清》作「道也」，《麗》作「道栽」。這裏取後者。

譯文

由行息達到心定，不再覺知氣息的出入，便可進入觀察。其一應當觀察五十五事，二當觀察身中十二因緣。

問：氣息出入是不是有處所？

答：息吸入時即是它的處所，息呼出時即是它的處所。

數息時身坐。受、想、行、識等心理活動停止不行，即所謂坐。

念繫於息，已是得道。其所以還要再行思惟觀察，是因爲息無所知。

問：既然念繫於息，已是得道，爲什麼是無所知？

答：意了知息，息不了知意，此即爲無所知。人們不能獲得思惟觀察的意念，便令其數息，目的是令其意念安定；雖然已經數息，但只能不令生惡，卻沒有智慧。應當怎樣修行獲得智慧？從一息數到十息，分別何者是安定，何者是躁亂，認識有針對性的行藥治療，最後獲得定意，便隨順智慧，得以思惟觀察，這就進入了觀。

問：什麼是數？

答：所謂數，就是辨事。譬如人有事便去求索，這是數罪；修道的人是數福。爲什麼？正確的數是十：第一意念生起爲一，第二意念生起爲二，數終了於十，至十爲完畢，所以說十數是福。另外，所謂有罪，是因爲不能將息壞滅，所以是罪。也就是說，意念生死而不滅壞，墮於世間，而且不斷世間事，此即爲罪。眼、耳、鼻、舌、身、意等六情爲六事，與受、想、行、識等四陰合爲十事，相應於內十息；殺、盜、婬、兩舌、惡口、妄言、綺語、嫉妒、瞋恚、癡等十惡，相應於外十息，都應該止而不行。

原典

行息以得定，不復覺氣出入，便可觀。一當觀五十五❶事；二當觀身中十二因緣也。

問：息出入寧有處不？

報：息入時是其處，出息時是其處。數息身坐，痛癢、思想、生死、識止不行，是爲坐也。念息得道，復校計者，用息無所知故。

問：念息得道，何以爲無所知？

報：意知息，息不知意，是爲無所知。人不能得校計意，便令數息，欲令意定；雖數息，但不生惡，無有黠智。當何等行得黠慧？從一至十，分別定亂，識對行藥已，得定意，便隨黠慧，得校計，爲墮觀也。

問：何等爲數？

報：數者，謂事。譬如人有事便❷求，是爲數罪；道人數福。何以故？正爲十，一意起爲一，二意起爲二，數終於十，至十爲竟，故言十數爲福。復有罪者，用不能壞息，故爲罪。亦謂意生死不滅，墮世間已，不斷世間事，爲罪也。六情爲六事，痛癢、思想、生死、識，合爲十事，應內十息；殺❸、盜、婬、兩舌、惡口、妄言、綺語、嫉妬、瞋恚、癡，應外十息，謂止不行也。

注釋

❶**五十五**：出自安世高譯《道地經．五十五觀章》：「行道者，當爲五十五因緣自觀身，是身爲譬，如沫不能捉；是身爲譬，如大海不厭不足五樂……。」指觀身五十五事，以認知身之不淨、非常、苦、空等。

❷「便」，《麗》作「更」。

❸「殺」，原文作「煞」。

譯文

問：什麼是十六事？

答：所謂十事，指數息到十；所謂六事，指數息、相隨、止、觀、還、淨。此十六事行而不離，那就進於道了。

問：數息的意念在風，念風當墮於色中，如何能相應於道？

答：意念運行於數息而不是意念於色。氣息既盡，人便死滅，墮進「非常」；知道「非常」的道理，那就是道。

修道的人要想獲得道的綱要，應當知道坐與行二件事，即一為坐，二為行。

問：坐與行是相同還是不相同？

答：有時相同，有時不相同。數息、相隨、止、觀、還、淨，此六事有時為坐，有時為行。為什麼？數息意念安定，此為坐；意念隨順於法，此為行。已經生起道意而不相離是行，也屬於坐。

坐禪的方法是，當數一不數二，當數二不數一。所謂當數一而數二，指數第一息未完便數二，此為一數二。這種數法，是過於精進。所謂當數二而數一，指息已進入第二次，才剛剛數一，此為二數一。這種數法，是精進不夠。從三到四，從五到六，從七到八，從九到十，各有各的位置，應當分別它們的歸屬，處於一息數一，在二息數二，此為隨法而行，便是進入精進的範圍。

有三種坐隨順於道：一是數息坐，二是誦經坐，三是聞經喜坐。此為三種。

坐有三種品類：一是味合坐，二是淨坐，三是無有結坐。什麼叫味合坐？指意專注於行而不相離，即是味合坐。什麼叫淨坐？指不作念想，即是淨坐。什麼叫無有結坐？指煩惱繫縛已經斷盡，即是無有結坐。

息有三類：一為雜息，二為淨息，三為道息。但行息而不行道，即是雜息。數息到第十息而無錯亂，即是淨息。已經得道，即是道息。

息有三類：有大息，有中息，有微息。口有所言，為大息止；念想於道，為中息止；獲得四禪為微息止。

原典

問：何等為十六事？

報：十六事❶者，謂數至十；六者，謂數、相隨、止、觀、還、淨。是❷十六事，為行不離❸，為墮道也。

問：數息念風爲墮色❹，何以應道？

報：行意在❺數不念色，氣盡便滅，墮非常，知非常爲道也。

道人欲得道要，當知坐行二事：一者爲坐，二者爲行。

問：坐與行爲同不同？

報：有時同，有時不同。數息、相隨、止、觀、還、淨，此六事有時爲坐，有時爲行。何以故？數息意定❻是爲坐；意隨法，是爲行。已起意不離爲行，亦爲坐也。

坐禪法，一不數二，二不數一。一數二者，謂數一息未竟便言二，是爲一數二。如是爲過精進。二數一者，謂息已入❼。甫言一，是爲二數一，如是爲不及精進。從三至四，五至六，七至八，九至十。各自有分部，當分別所屬，在一數一，在二數二，是爲法行，便墮精進也。

有三坐墮道：一爲數息坐，二爲誦經坐，三爲聞經喜坐。是爲三也。

坐有三品：一爲味合坐，二爲淨坐，三爲無有結❽坐。何等爲味合坐？謂意著行不離，是爲味合❾坐。何謂爲淨坐？謂不念爲淨坐。何等爲無有結坐？謂結已盡，爲無有結坐也。

息有三輩❿：一爲雜息，二爲淨息，三爲道息。不行道是爲雜息。數至十息不亂，是爲淨息。已得道，是爲道息也。

息有三輩：有大息，有中息，有微息。口有所語，謂⓫大息止；念道，中息止；得四禪，微息止也。

注釋

❶「十六事」，底本作「十事」，《資》、《磧》、《普》、《南》、《徑》、《清》作「十六事」，據改。

❷「是」，《麗》作「是爲」。

❸「不離」，《磧》、《普》、《南》、《清》作「已亦」。

❹**數息念風爲墮色**：息指呼吸之氣息，佛教分類屬於風；風爲地、水、火、風四大之一，屬於色法，所以念風相當於念色。

❺「在」，《資》、《磧》、《普》、《南》、《徑》、《清》作「在道」。

❻「定」，底本作「走」，諸本作「定」，據改。

❼「入」諸本作「入二」。

❽**結**：煩惱的異名之一，起繫縛作用，令不得解脫的煩惱，特名爲結。

❾「合」，《普》作「結」。

❿「三輩」，《普》作「二輩」。

⓫「謂」，底本無，現據《麗》本改。

譯文

問：佛爲什麼教人數息守意？

答：有四個原因：一、爲的是不欲受苦；二、爲的是避免意念躁亂；三、爲的是閉塞因緣，不與生死流轉會合；四、爲的是獲得入於涅槃之道。

譬喻說日，沒有光明有四個原因，一是因爲有雲，二是因爲有塵，三是因爲有大風，四是因爲有煙。數息達不到預期的效用，也有四個原因：一是因爲意念生死，籌算計較；二是因爲飲食多；三是因爲極度疲倦；四是因爲坐非其地，不便於除罪。此四因導致的結果，都有相狀可知：坐禪數息，忽然念想它事，失去守息的意念，這是意念轉向籌算計較的相狀；骨節盡痛，不能久坐，這是飲食多的相狀；身沈重，意懵懂，但欲睡眠，這是極疲倦的相狀；輾轉四面坐而不得一息，這是罪地的相狀。由於認識了罪過，應當依「經」而行；若讀「經文」又坐，意想不習於罪過，禍也可以消除。

原典

問：佛何以教人數息守意？

報：有四因緣：一者用不欲痛故，二者用避亂意故，三者用閉因緣，不欲與生死會故，四者用欲得泥洹道故也。

譬喻說日，無光明者有四因緣：一者用有雲故，二者用有塵故，三者用有大風故，四者用有烟故。數息不得，亦有四因緣：一者用念生死校計故，二者用飲食多故，三者用疲極故，四者用坐不得更罪地故。此四事來，皆有相：坐數息，忽念他事，失❶息意，是爲念校計相；骨節盡痛，不能久坐，是爲食多相；身重意瞪瞢，但欲睡眠，是爲疲極相；四面❷坐不得一息，是爲罪地相。以知罪，當經行，若讀經文坐，意

不習❸罪，亦禍消❹也。

注釋

❶「失」，《普》作夫。

❷「面」，《資》、《磧》、《普》、《南》、《徑》、《清》作徒。

❸「不習」，底本作習，現據諸本改。

❹「禍消」，《資》、《磧》、《普》、《南》、《徑》、《清》作稍稍消。

譯文

行道的人行道，應當念本。什麼是本？所謂心、意、識，這就是本。此三事都不著見，已生執著，立即滅除，令本的意念不再發生。達到這種程度的意，就是道意。此本意已經滅除，不再成爲受苦不斷的因緣，生便斷滅。

定意日益勝進，日益勝進爲了定意。有時從數息獲得定意，有時從相隨獲得定意，有時從止獲得定意，有時從觀獲得定意。隨著得定的因緣照直而行。

行息也會墮於貪。爲什麼?因爲意想得定便生喜心。由此便當思察出入息和念滅時:息生身即生，息滅身即滅，尚未解脫生死之苦。爲什麼?喜的性質既經思察，如此便能制止貪。

數息要快，相隨要慢。有時數息應當安徐，相隨應當加快。爲什麼?數息時意不錯亂，當會安徐;數亂時，定是加快。相隨也同樣如此。第一數息也相隨，但所念有差別。雖然數息，當知氣息的出入，意念繫於數。

數息之所以還要再行相隨、止、觀，是因爲不得息。有前世的舊因遺留在相隨、止、觀上;雖已獲得相隨、止、觀，也仍然應當從數息開始。

數息的意念不離散，此即是法;離散則是非法。數息時的意念不墮於罪;意在世間，便墮於罪。

數息爲的是不要擾亂意念。意念由於不亂而還要再行相隨，是要證得上次的意念，知其爲止。止與觀相同，還與淨相同。

行道若已達到微細的意念，當再行倒意。意思是說，當重新數息。如果讀經已畢，仍然行禪達到微細的意念，乃是不數息反而修行相隨了。

原典

道人行道，當念本。何等爲本？謂心、意、識是爲本。是三事皆不見，已生便滅，本意不復生，得是意爲道意。本意已滅，無爲❶痛更因緣，生便斷也。

定意日勝，日勝爲定意。有時從息得定意，有時從相隨得定意，有時從止得定意，有時從觀得定意。隨得定因緣直行也。

行息亦墮貪，何以故？意以定便喜故。便當計出入息❷，念滅時，息生身生，息滅身滅。尚未脫生死苦。何以故？喜已計，如是便貪止也。

數息欲疾，相隨欲遲。有時數息當安徐，相隨時當爲疾。何以故？數息意不亂當安徐，數亂當爲疾。相隨亦同如是也。第一數亦相隨，所念異，雖數息❸，當知氣出入，意著在數也。

數息復行相隨、止、觀者，謂不得息。前世有習在相隨、止、觀，雖得相隨、止、觀，當還從數息起也。

數息意不離，是爲法；離爲非法。數息意不墮罪；意在世間，便墮罪也。

數息爲不欲亂意，故意以不亂，復行相隨者，證上次意知爲止。止與觀同，還與淨同也。

行道得微意，當倒意者，謂當更數息。若讀經已，乃復行禪微意者，謂不數息反行相隨也。

注釋

❶「爲」，《資》、《磧》、《普》、《南》、《徑》、《清》作「有」。

❷「出入息」，《麗》作「出息入息」。

❸「雖數息」，底本作「數雜息」，諸本作「雖數息」，據改。

譯文

佛有六種潔淨的意念，即數息、相隨、止、觀、還、淨。此六潔淨事能控制無形的意。

息既是意，也不是意。爲什麼？數息時意專注於息，息即是意；不數時，意與息各自運行，息則為非意。從息產生意念，即停止了息，無有意的狀態。

如果人不支使意念，意念即支使人。所謂「使意」，就是數息、相隨、止、觀、還、淨，念想三十七品經，此爲「使意」。如果人不行道，貪求隨欲，此爲「意使人」。

息有垢汚，若息不去掉垢汚即不得息。什麼叫息垢？指三冥中最劇烈的部分，乃是息垢。什麼是三冥？指三毒生起時，身體正處在冥頑愚昧的狀態，所以說爲三冥。所謂三毒，一是貪欲，二是瞋恚，三是愚癡。人都因此三事致死，所以名之爲毒。

數息時，意念繫於數。息未數時，意有三種：有善意，有惡意，有不善不惡意。

要想知道人們得息的特徵，應當觀察萬物及種種姣好美色，如果意念不再染著，就是得息的特徵。如果意念依然染著，那是未得，應當更加努力精進。

欲令「行家中意」斷盡。眼、耳、鼻、舌、身、意六情爲意家，六情貪愛萬物，都是意家。

所謂相隨，指修行善法，並從行善法中獲得解脫，應當與之相隨。也可以說，不隨逐五陰、六入，而是息與意相隨順。

原典

佛有六潔意，謂數息、相隨、止、觀、還、淨。是六事能制，無形也。息亦是意，亦非意。何以故？數時意在息爲是，不數時意息各自行，是爲非意。從意❶生息已，止無有❷意也。

人不使意，意使人❸。使意者，謂數息、相隨、止、觀、還、淨。念三十七品經，是爲❹使意。人不行道，貪求隨欲，是爲意使人也。

息有垢。息不去垢，不得息。何等爲息垢？謂三冥中最劇者，是爲息垢。何等爲三冥？謂三毒起時身中正冥，故言三冥。三毒❺者，一爲貪婬，二爲瞋恚，三爲愚癡。人皆坐是三事死，故言毒也。

數息時意在數，息未數時有三意：有善意，有惡意，有不善不惡意。

欲知人得息相者，當觀萬物及諸❻好色，意不復著，是爲得息相。意復著是爲未得，當更精進。

行家中意欲盡者，謂六情❼爲意家，貪愛萬物皆爲意家也。

相隨者，謂行善法。從是❽得脫，當與相隨，亦謂不隨五陰六入❾，息❿與意相隨也。

注釋

❶「從意」，《資》、《磧》、《普》、《南》、《徑》、《清》作「從息」。

❷「無有」，底本作「有」，諸本作「無有」，據改。

❸「人」，《資》、《磧》、《普》、《南》、《徑》、《清》作「人人」。

❹「爲」，《磧》、《普》、《南》、《徑》、《清》作「爲人」。

❺「三毒」，《普》作「一毒」。

❻「諸」，底本作「謂」，諸本作「諸」，這裏取後者。

❼**六情**：即眼、耳、鼻、舌、身、意六種認識機能，通稱六根。因六根能取六境，成爲情欲產生的根基，故名六情。

❽「從是」，底本作「從」，諸本作「從是」。這裏取後者。

❾**六入**：亦譯作六處。有內、外二類。內六入指眼、耳、鼻、舌、身、意六根，外六

入指色、聲、香、味、觸、法六境。本經意指內六入。

❿「息」，原文作「自」，諸本作「息」。這裏取後者。

譯文

問：第三止，爲什麼要止在鼻頭？

答：因爲數息、相隨、止、觀、還、淨，都是從鼻子出入，意念習慣於舊的地方，也因爲此處易於識別，所以專注於鼻頭。

惡意若來，斷滅就是禪。有時在鼻頭止，有時在心中止。專注於所著爲止。如果有邪念來擾亂人意，即直觀想一事，諸惡來時心不當動，心成爲無所畏懼的了。

止有四種：一是數止，二是相隨止，三是鼻頭止，四是息心止。所謂止，意思是說，五樂、六入當加以制止。

所謂入息至盡鼻頭止，意思是說，惡不再能繼續進入到了鼻頭就止住了。所謂出息至盡著鼻頭，意思是說，意念不再離散，而令身行向惡，所以專注於鼻頭。也可以這樣說：息初吸入時，便專心一念對向它不再轉移。至於息是出是入也不復覺察，那就是止。

所謂止，就是如，如出息、入息。若覺知前意出，不覺後意出，其覺前的觀想名「意意相觀」，因此便會覺察出入息表現的敗壞，接受這種敗壞相，畏懼生死無常，便會除卻隨逐於息的意念，而隨順於道意。

所謂莫爲相隨，指但念著鼻頭，不再意念五陰等因緣，由此罪斷意滅，也不知喘息，此即爲止。所謂莫爲相隨，指不要再去意念息的出入，追隨五陰等因緣，由此也不再感到喘息。

原典

問：第三止，何以故正❶在鼻頭？

報：用數息、相隨、止、觀、還、淨皆從鼻出入，意習故處，亦爲易識，以是故著鼻頭也。

惡意來者，斷爲禪，有時在鼻頭止，有時在心中止。在所著爲止，邪來亂人意，直觀一事，諸惡來心不當動，心爲不畏❷之哉也。

止有四，一爲數止，二爲相隨止，三爲❸鼻頭止，四爲息心止。止者，謂五樂❹、六入❺當制❻之也。

入息至盡鼻頭止，謂惡不復入，至鼻頭止。出息至盡著鼻頭，謂意不復離身行向惡，故著鼻頭。亦謂息初入時，便一念向不復轉，息出入亦不復覺，是爲止也。

止者如，如❼出息入息，覺知前意出，不覺後意出。覺前爲意意相觀，便察出入息。見敗，便受相，畏生死便❽却意，便隨道意相也。

莫爲相隨者，但念著鼻頭，五陰因緣不復念，罪斷意滅，亦不喘息，是爲止也。

莫爲相隨者，謂莫復意念出入，隨五陰因緣，不復喘息也。

注釋

❶「正」，《資》、《磧》、《南》、《麗》作「止」。

❷「畏」，《磧》、《普》、《南》、《徑》、《清》作「動」。

❸「爲」，《資》、《磧》、《普》、《南》、《徑》作「者」。

❹**五樂**：指眼、耳、鼻、舌、身等五種官能對應於色、聲、香、味、觸等五境之欲樂

。

❺六入：又作六處。眼、耳、鼻、舌、身、意等六根爲內六入，色、聲、香、味、觸、法等六境爲外六入，總稱十二入，亦作十二處。

❻「制」，諸本作「制止」。

❼「如」，底本無，現據《麗》本補上。

❽「便」，《資》、《磧》、《普》、《南》、《徑》、《清》無。

譯文

第四，所謂觀，觀息敗滅時，與觀身其體不同。息表現爲有因緣而生，無因緣即滅。

所謂「心、意受相」，意思是說，當意欲有所得時，心即籌算，因緣會合，必當復滅，由此斷除所欲，不再嚮往此等所欲，這就是心、意受相（心意受用道意的相狀）。

所謂「以識因緣爲俱相觀」，意思是說，識了知五陰產生的因緣，出息也觀，入息也觀想。所謂觀，就是觀想五陰；（出息觀，入息觀）就是俱（相）觀。也應該意意相觀（以後意觀前意），這是在內斷除惡念的途徑。總之，乃是兩種因緣。

所謂「觀出息異、入息異」，意思是說，出息爲五陰中的行陰，入息爲想陰；有時出息爲受陰，入息爲識陰。隨著因緣條件生起的不同而受用諸陰。意念所向，無有永恆不變的功用，所以說之爲異。修道的人應當分別了知這個道理。所謂異，也可以說出息滅，入息生；入息滅，出息生。

所謂「無有故」，指人、意以及萬物。意起既畢，即趨泯滅，萬物生而復死，（古不至今）此名之爲無有故。

所謂「出息是，入息非；入息是，出息非」，指出息時意不念想入息，入息時意不念想出息；所念想的對象不同，所以說其爲非。

所謂「中信」，指在悟入佛道中，由於以見道爲因緣而歸信於道，所以叫中信。

原典

第四觀者，觀息敗時，與觀身體異。息見因緣生，無因緣滅也。

心、意受相者，謂意欲有所得，心計因緣會，當復滅，便斷所欲，不復向是，爲心、意受相也。

以識因緣爲俱相觀者，謂識知五陰因緣。出息亦觀，入息亦觀。觀者，謂觀五陰，是爲俱觀。亦應意意相觀，爲兩因緣，在內斷惡念道也。

觀出息異，入息異者，謂出息爲生死陰，入息爲思想因❶；有時出息爲痛癢陰，入息爲識陰。隨因緣起便受陰，意所向無有常用，是故爲異。道人當分別知是，亦謂出息滅，入息生；入息滅，出息生也。

無有故者，謂人意及萬物，意起已滅，物生復死，是爲無有故也。

出息❷是，入息非；入息是，出息非，謂出息時意不念入息，入息時意不念出息，所念異故，言非也。

中信者，謂入道中，見道因緣，信道，是爲中信也。

注釋

❶「因」，《大正》作「陰」。

❷「出息」，諸本作「非出息」，不從。

譯文

所謂「第五還棄結」，指捐棄由身體發動的殺、盜等七惡；所謂第六淨棄結，指捐棄由意識發動的憤怒等三惡。這兩種棄結，總名爲還。

所謂「還」，指意不再起惡；而惡，即爲不還。所謂「還身」，指捐棄之惡，可以獲得第五還（棄身七惡）。此時尚有身，也無有身。爲什麼？有意即有身，無意即無身。因爲意是人的種子。這就是還。

所謂「還」，指意不再起惡；起惡，即是不還。也可以說，前（第五還棄結）助身（棄惡），後（第六還棄結）助意（棄惡）。不殺、盜、婬、兩舌、惡口、妄言、綺語，是爲助身；不嫉、瞋恚、癡，是爲助意。

所謂「還五陰」，譬如買金得石，便拋棄地上不用。人人貪愛五陰，由此受得苦痛，便不再欲求。此即爲還五陰。

什麼叫做便見滅盡處？所謂無所有，乃爲滅處。

問：既是「無所有」，為什麼還成為「處」？無所有處有四處：一、飛鳥以空中為其處；二、阿羅漢以涅槃為其處；三、道以無有為其處；四、法存在於觀想「處」。

所謂「出息入息受五陰相」，意思是說，意若流入邪念，應當迅疾回到正念上去，用生起的覺悟斷滅。此即為「受五陰相」。此處所言「受」，就是受「不受相」。

原典

第五還棄結者，謂棄身七惡❶。第六淨棄結者，為棄意三惡❷。是名為還。

還者，為意不復起惡；惡者，是為不還也。還身者，謂還惡得第五還。尚有身，亦無身，何以故？有意有身、無意無身，意為人種，是名為還。

還者，謂意不復起惡；起惡者，是為不還。亦謂前助身，後助意。不殺、盜、婬、兩舌、惡口、妄言、綺語，是為❸助身；不嫉、瞋恚、癡，是為助意也。

還五陰者，譬如買金得石，便棄捐地不用。人皆貪愛五陰，得苦痛便不欲，是為還五陰也。

何等爲便見滅盡處？謂無所有，是爲滅處。問：以無所有，何以故爲處者？無所有處有四處：一者飛鳥以空中爲處，二者羅漢以泥洹爲處❹，三者道以無有爲處❺，四者法在觀處也。

出息入息受五陰相者，謂意邪念疾轉❻還正，以生覺斷，爲受五陰相。言受者，謂受不受相也。

注釋

❶**身七惡**：指十惡中屬於身業的七惡，即殺、盜、婬、兩舌、惡口、妄言、綺語。

❷**意三惡**：指十惡中屬於意業的三惡，即貪欲、瞋恚、疑（或作癡）。

❸「爲」，《徑》作「謂」。

❹**羅漢以泥洹爲處**：羅漢，爲阿羅漢之略稱，係早期佛教和部派佛教修持所得的最高果位。泥洹，即涅槃，係早期佛教和部派佛教的最高理想，也是阿羅漢的最終歸宿。

❺**道以無有爲處**：此「無有」，意謂不受特定時空的局限，不爲諸「有」所玷染。

❻「轉」，底本作「輙」，諸本作「轉」，這裏取後者。

譯文

由於此「受五陰相」，就會知道五陰起於何所，滅於何所。所謂「滅」，指十二因緣。人從十二因緣生，也從十二因緣死。所謂「不念」，就是不念想五陰。所謂「知起何所，滅何所」，意思是說，善惡的因緣生起，便復滅除。也可以說是「身」，也可以說是「氣」的生滅。有念即生，無念便死。意與身是同等的。（所以不念五陰）就是斷絕流轉生死的道路。在此生死流轉之間的一切惡事，都是從意想中來的。

所謂「今不爲前，前不爲今」，意思是說，先前所念已經熄滅，現在所念不是先前所念。也可以說，前世所作（善），今世所作（善），各得各的福。也可以說，現在所行善，不是先前所行惡。也可以說，現在的氣息不是先前的氣息，先前的氣息不是現在的氣息。

所謂「爲生死分別」，指「意」若念生即生，若念滅即滅。所以名爲生死。由此當分別萬物及自身，過去、未來福爲銷盡。爲什麼會盡？因爲有生便有滅，有滅便有盡。由於知盡，便當盡力求道。

所謂「觀上頭無所從來」，意思是說，人無所從來，「意」起爲人。也有一說，人不是由於自作才來的，而是有所從來。人是自作自得，所以爲無所從來。

所謂「生死當分別」，意思是說，應當知道分別五陰。也可以說，知道分別意的生死：人以「意」爲常，知無有常，也是分別。

所謂「後觀無處所」，指念想現在，不要產生罪人的觀念，因爲在生死合會中，當知沒有能從罪中解脫出來的，據此說「後觀無處所」。

沒有走上「道」的軌跡，不得中途命盡。意思是說，修持已經達到「十五意」，不得中間死去：必須達到「十五意」，使之悟「道」，並輾轉上進至於阿羅漢。中間得道，也不得中途命盡，指息、意、身三件事。就是說，屬於善惡的意念，既要進入「道」的軌跡，也要中途壞滅：「息」死而復生，善意起而復滅：身則不得中途死去。

原典

以受五陰相，知起何所，滅何所。滅者爲❶十二因緣❷。人從十二因緣生，亦從十二因緣死。不念者，爲不念五陰也。知起何所，滅何所，謂善惡因緣起，便復滅。亦謂身，亦謂氣生滅。念便生，不念便死，意與身同等，是爲斷生死道。在是生死間❸，一切惡事皆從意來也。

今不爲前，前不爲今者，謂前所念已滅，今念非前念，亦謂前世❹所作，今世所作，各自得福。亦謂今所行善，非前所行惡。亦謂今息非前息，前息非今息也。

爲生死分別者，爲意念生❺即生，念滅即滅。故言生死，當分別萬物及身，過去、未來福爲索盡。何以故盡？以生便滅，滅便盡，以知盡當盡力求也。

觀上頭❻無所從來者，謂人無所從來，意起爲人。亦謂人不自作來者，爲有所從來，人自作自得，是爲無所從來也。

生死當分別者，謂知分別五陰。亦謂知分別意生死，人意爲常，知無有常，亦爲分別也。

後觀❼無處所者，爲念❽現在，不見罪人，在生死會，當得無有脫於罪故，言後觀❾無有處所。

未得道迹❿，不得中命盡，謂已得十五意⓫，不得中死，要當得十五意，使墮⓬道，亦轉上至阿羅漢也。中得道⓭，亦不得中命盡，爲息意身凡三事。謂善惡意要當得道迹，亦復中壞，息死復生，善意起復滅，身亦不得中死也。

注釋

❶「爲」，諸本作「爲受」。

❷**十二因緣**：早期佛教和部派佛教中最基本的「緣起」理論，是對衆生本原及其流轉三世因果，即無明、行、識、名色、六處（六入）、觸、受、愛、取、有、生、老死。

❸「間」，《資》、《磧》、《普》、《南》、《徑》、《清》作「聞」。

❹「前世」，底本爲「前」，《資》、《磧》、《普》、《南》、《徑》、《麗》作「前世」，現據改。

❺「念生」，底本爲「念」，諸本作「念生」，這裏取後者。

❻**上頭**：相當「前際」，這裏指人生的開端、本源。

❼「觀」，諸本作「視」。

❽「念」，諸本作「今」。

❾「觀」，原本作「視」，疑誤，故改爲「觀」。

❿**道迹**：道是菩提的舊譯，迹爲軌迹。即菩提之道。

⓫**十五意**：是指見道苦法忍等「十五心」。此十五心爲在全部修習中屬於「見道」範圍。

⓬「使墮」，諸本作「便隨」。

⓭「道」，《資》、《磧》、《普》、《南》、《徑》、《清》作「道迹」。

譯文

什麼是淨？此處指一切貪欲是不淨，除去貪欲就是淨。

什麼是五陰的相狀？譬如火是陰，則薪就是它的相狀。

從息到淨，都屬於觀。意思是說，觀身、相隨、止、觀、還、淨，本爲無有。內意專注於數息，外意專注於斷惡，此二因緣，即是二意。

問：爲什麼不先內外觀身體，反而先數息、相隨、止、觀、還、淨？

答：因爲意不淨，所以不見身（的本質）；意若是已淨，便能普遍見到身內身外（的本質）。

循道所行有「十九行」，因爲人有十九種病，也有十九種藥。觀察身，念想身內充滿惡濁的液體，是制止貪婬的藥；念想慈、悲、喜、捨四種平等心理，是制止憤怒的藥；自計念此身體是從十二因緣而有，是爲制止愚癡的藥；安般守意則是制止念想太多的藥。

所謂「內外自觀身體」，什麼是「身」？什麼是「體」？骨肉爲身，與六情和合是體。什麼是六情？眼迎合色，耳受納聲，鼻追隨香，口欲求味，以細滑等觸覺爲身，衰頽的意是種子，栽植（而成萬物）就是癡，由此六情而爲有生之物。

此內外身體之所以一再解釋，是因爲人的貪求有大有小，有前有後。意思是說，對於貪欲的對象，應當分別觀察。觀察所見爲「念」，「念」因所見而觀察的叫做「

知」。

所謂「身觀止」，坐禪時，（身不淨之）念生起，起念後，意不離散，所在皆行此「意」，所執著皆以（此念）識別，這就是「身觀止」。

所謂出息、入息念滅時，什麼叫念滅時？念想出氣、入氣盡了的時候，就是說，繫念於息的意想滅。出息入息的意念滅的時候，譬如畫空，無有處所，不論「生死意」，還是「道意」都是如此。出息入息的意念熄滅時，也不說是息（滅），還是繫息的意（滅）。說滅時，就是出息入息的意念熄滅時，開初從因緣生起，斷除根本稱為「滅時」。

原典

何等爲淨？謂諸所貪欲爲不淨，除去貪欲是爲淨。

何等爲五陰相？譬喻火爲陰，薪爲相也。

從息至淨，是皆爲觀，謂觀身、相隨、止、觀、還、淨，本爲無有。

內意數息，外意斷惡因緣，是爲二意也。

問：何以故不先內外觀身體❶，反先數息、相隨、止、觀、還、淨？

報：用意不淨故，不見身，意已淨，便悉見身內外。

道行❷有十九行❸，用人有十九病❹故，亦有十九藥。觀身念惡露❺，是❻止貪婬藥；念四等心❼，是爲止瞋恚藥；自計本何因緣有，是爲止愚癡藥；安般守意，是爲多念藥也。

內外自觀身體，何等爲身？何等爲體？骨肉爲身，六情合爲體也。何等爲六情？謂眼合色，耳受聲，鼻向香，口欲味，細滑爲身。衰意❽爲種，栽❾爲癡❿，爲有生物也。

內外身體所以重出者何？謂人貪求有大小，有前後，謂所欲得當分別觀。觀者見爲念，念因見，觀者爲知也。

身觀止者，坐念起，起念意不離，在所行意，所著爲識，是爲身觀止也。

出息入息念滅時。何等爲念滅時？謂念出入氣盡時，意息滅。出息入息念滅時，譬如畫空中無有處⓫，生死意、道意俱爾也。出息入息念滅時，亦不說息意息⓬。說滅時，出息入息念滅時，初從⓭因緣生，斷本爲滅時也。

注釋

❶**內外觀身體**：指觀身不淨的不淨觀，屬四念住之一，與安般禪並為二甘露門。

❷「道行」，《資》、《磧》、《普》、《南》、《徑》、《清》作「道所」。

❸**十九行**：指觀身，即不淨觀；念四等心，即慈、悲、喜、捨的慈悲觀；本何因緣有，即因緣觀中的十二有支；安般守意，即數息觀，此處將吸、呼二息作二行，總為十九行，亦即下文之十九藥。

❹**十九病**：見《修行道地經》：「觀察人情凡十九輩，所謂貪婬、瞋恚、愚癡、婬怒、婬癡、癡恚、婬怒愚癡、口清意婬、言柔心剛、口慧心癡、言美而懷三毒、言粗心和、惡口心剛、言粗心癡、口粗而懷三毒、癡心婬、癡懷怒、心口俱癡、口癡心懷三毒。」

❺**惡露**：指人體種種排泄物和腺體。佛教一般認為，人身有三十六種不淨物，大都屬於「惡露」。

❻「是」，《大正》作「是為」。

❼**四等心**：即四無量禪，十二門禪之一。以慈、悲、喜、捨的觀念觀察無量衆生。

❽**衰意**：據康僧會序，即是邪念、溢盪的心，是孳有萬億的種子。

❾「栽」，《磧》、《普》作「裁」，《南》作「載」，不從。

❿**癡**：即十二因緣中的無明，是播種、栽植，令種子得以孳長的原因。此處是用衰意與癡，解釋六情中的意與法。

⓫「處」，《資》、《磧》、《普》、《南》、《徑》、《清》作「是處」。

⓬「息」，《資》、《磧》、《普》、《南》、《徑》、《清》作「自」。

⓭「初從」，諸本作「物從」。

譯文

所謂「內外痛癢見觀」（即觀受陰），爲見痛癢等感受產生的原由，便觀此痛癢，這就是見觀。所謂內外痛癢，外在的美好物爲外癢，外在的粗惡物爲外痛；內在的可意感爲內癢，內在的不可意感爲內痛。在內的是內法；在外的外因緣是外法。也可以說，眼是內，色是外；耳是內，聲是外；鼻是內，香是外；口是內，味是外；心是內，念是外。見到美好細滑之物，意欲享得，此爲癢；見到粗惡之物，意所不用，此爲痛。痛、癢都屬於罪過範圍。

所謂「痛癢觀止」，意思是說，如果人感到臂痛苦，「意」不以痛苦；反而念想其他一切人身的痛苦。如此以「意」不執著於自己的痛苦，即是「止」。痛，既可以念想，也不可以念想。念想痛苦而無所執著；自愛己身，也當觀他人之身；以「意」愛於他人之身，也當自觀己身，也屬於「止」。

此「內外痛癢」之所以一再解釋，是因爲人見物色，而愛有厚有薄，其意不能平等觀待，有多有少的差別。重新分別觀察之道，在於內觀有癡，外觀以自證（平等之理）。

身、心的痛癢各有不同。受到寒熱、刀杖等痛楚之極，此爲「身痛」；獲得美飯、車騎、好衣等令身便利，此爲「身癢」。所謂「心痛」，指自身既已憂苦，又憂苦他人及萬事，此爲「心痛」；內心所得喜好和感受種種歡喜，此爲「心癢」。

原典

內外痛癢見觀者❶，爲見痛癢所從起，便觀，是爲見觀也。內外痛癢者，謂外好物爲外癢，外惡物爲外痛；內可意爲內癢❷，內不可意爲內痛。在內爲內法，在外❸外因緣爲外法。亦謂目爲內，色爲外；耳爲內，聲爲外；鼻爲內，香爲外；口爲內，味爲外；心爲內，念爲外。見好細滑意欲得，是爲癢；見粗惡意不用，是爲痛。俱墮罪也。

痛癢觀止者，若人臂❹痛，意不作痛，反念他一切身痛，如是以意不在痛爲止。痛亦可念，亦不可念。念痛無所著，自愛身當觀他人身，意愛他人身，當自觀身，亦爲止也。

內外痛癢所以重出者何？謂人見❺色，愛有其薄厚，意❻不等觀，多與少異故。重分別觀道，當內觀有癡，當外觀以自證也。

身心痛癢各自異，得寒熱、刀杖痛極，是爲身痛；得美飯、載車、好衣，身諸所便，是爲身癢。心痛者，身自憂，復憂他人及萬事，是爲心痛；心得所好及諸歡喜，是爲心癢也。

注釋

❶**內外痛癢見觀**：即觀受是苦，屬四念住之一。痛、癢是苦、樂的古譯。

❷「內癢」，《磧》、《南》作「痛癢」。

❸「外」，諸本無此字。

❹「譬」，《資》、《磧》、《普》、《南》、《徑》、《清》無此字。

❺「見」，《資》作「俱」。

❻「有其薄厚意」，諸本作「有薄厚其意」。

譯文

所謂「意相觀」，有兩種因緣，在內斷除惡念的途徑，一是眼、耳、鼻、舌、身五根對五境的欲樂，二是色、聲、香、味、觸、法六種衰敗道意的塵境，應當加以制止斷滅。所謂「觀」，指自觀其身。身本身並不知道是粗是細，由於受得，始能覺察，這就是「意意相觀」。此意意相觀，息也是意，數也是意，數息同時觀息，就是意意相觀。

所謂「意觀止」，意思是說，婬欲生起，制其不爲；即欲瞋恚，制其不怒；即欲行癡，制其不作；即欲貪婪，制其不求。凡諸惡事，一切不趨向，此爲「觀止」，也可以說，已經認知三十七品經，經常念想而不脫離，此即是「止」。

所謂出息入息盡、定便觀，其中盡，指罪盡，定指以息止住意（的散亂）。「定觀」的意思是觀止而還於「淨」。「盡止」的意思是，我能說此道理，更能見此道理，曉此道理，普遍貫徹，這就是「盡止」。

由「盡止」所起之「意」，如果用於布施作福及一切善法，則此意已起便滅，還是要再作意念？一向習於罪行不可計數，過去、現在，意不與道相隨，他人也是如此。既已知覺，應當斷除；已經斷除，就是內外意意觀止。

所謂內外法法，內法指身，外法指他人。又，有持戒法，有不持戒法，也是內外法法。

內法的意思是，運行智慧不離三十七品經，其餘一切，意想不隨，行道得道，此爲內法；外法指墮落於生死流轉，意思是說，由於有生死諸行，便得在生死流轉中不得解脫。此等一切應當斷除的均已斷除，就是內外法觀止。

所謂法觀止，一切人都把自身看作是身；眞實思惟觀察，自身非我身。爲什麼？如人有眼有色，眼非身，色也非身。爲什麼？如人已死，即使有眼，也無所見，有色也無所反映。身就是如此。然而，但有識也非身，爲什麼？因爲識無形狀，也沒有輕微的停止。同所考察的眼一樣，耳、鼻、舌、身、意也是如此。達到這種認識，就是法觀止，也可以說，不意念惡爲「止」，意念惡爲「不止」。爲什麼？因爲「止」與「不止」是隨「息」而行。

原典

意相觀者，有兩因緣，在內斷惡念道，一者謂五樂、六衰❶，當制斷之。觀者自觀身，身不知粗細，以得乃覺，是爲意意相觀。意意相觀，息亦是意，數亦是意，數時觀息爲意，意相觀也。

意觀❷止者，欲婬，制不爲；欲瞋恚，制不怒；欲癡，制不作；欲貪，制不求。

諸惡事一切不向，是爲觀止，亦謂以知三十七品經，常念不離，爲止也。

出息入息盡、定便觀者，盡謂罪盡，定謂息止意，定觀者謂觀止❸還淨也。盡止者，謂我能說是，更見是❹曉是，遍更是，是爲盡止也。

所起息❺，若布施作福❻一切善法，已起便滅❼，更意念耶？向習罪行亦無數，故世❽今世意不如是相隨，他人亦爾，已❾知覺當斷已❿斷，爲內外意意觀止也。

內外法法者，內法謂身，外法謂他人。有持戒法，有不持戒法，是爲內外法法⓫也。

內法謂行黠不離三十七品經，一切餘事意不墮中，行道得道，是爲內法；外法謂墮生死，謂⓬生死行，便得生死不脫。一切當斷已斷，爲內外法觀止也。

法觀止者，一切人皆自身爲身，諦校計非我身。何以故？有眼有色，眼亦非身，色亦非身，何以故？人已死⓭有眼無所見，亦有色無所應，身如是。但有識亦非身，何以故？識無有形，亦無所輕止。如是計眼、耳、鼻、舌⓮、身、意亦爾。得是計爲法觀止，亦謂不念惡爲止，念惡爲不止。何以故？意行故也。

注釋

❶「一者謂五樂、六衰」，疑爲「一者謂五樂，二者六衰」。

❷「意觀」，底本作「觀」，諸本作「意觀」，據諸本改。

❸「觀止」，底本作「止」，諸本作「觀止」，據諸本改。

❹「更見是」，《麗》無。

❺「所起息」，疑爲「所起意」之誤。

❻「作福」，底本爲「作禮」，諸本作「作福」，據諸本改。

❼「已起便滅」，底本爲「以起便滅」，《頻伽》作「已起便滅」，據改。

❽「世」，《南》、《徑》、《清》作「更」。

❾❿「已」，底本均爲「以」，《頻伽》作「已」，據改。

⓫「法法」，《磧》、《普》、《南》、《徑》、《清》作「法」。

⓬「謂」，《磧》、《普》、《南》、《徑》、《清》作「隨」。

⓭「人已死」，底本爲「人以死」，《頻伽》作「人已死」，據改。

⓮「舌」，底本為「口」，《麗》作「舌」，據改。

2卷下

譯文

所謂出息入息自覺，出息入息自知，當時爲覺，以後爲知。所謂「覺」，指覺察氣息的長短；所謂「知」，指了知氣息的生滅、粗細、快慢。

所謂出息入息覺盡止，覺察出息、入息即將轉換的時刻名盡，計較萬物諸身生而復滅也是「盡」；所謂「止」，「意止」的意思。

所謂見觀空，意思是說，行道獲得的觀念，不再見到有身，便悟入空無所有，就是說，意無有執著。意有所著作因，也即是有。斷滅眼耳等六入，便獲得賢明。所謂賢，即指身；所謂明，即指道。

所謂知出何所，滅何所，譬如專念於石，便出現石；念入於木，石便熄滅。五陰也是如此，出現色而入於受；出現受而入於想；出現想而入於行；出現行而入於識。對五陰作如此分別，乃進入三十七品經中。

問：什麼是思惟無爲道？

答：思指比較籌算，惟指聽受，無指不念想萬物，爲指依佛說行道。爲的是得道，所以說爲思惟無爲道。又，思指念想，惟指分別白黑；黑指生死，白指道。道無所有，已分別無所有，便無有所爲，所以說爲思惟無爲道。如果算計有所爲，有所著，是爲非思惟。思也可以是物，惟指有理解能力的意；解意便知十二因緣所作諸事。也可以說，思指念想，惟指算計。

原典

佛說大安般守意經卷下❶

後漢安息三藏安世高譯❷

出息入息自覺，出息入息自知。當時爲覺，以後爲知。覺者，謂覺息長短；知者，謂知息生滅、粗細、遲疾也。

出息入息覺盡止❸者，謂覺出入息欲報時爲盡，亦計萬物身生復滅；止❹者，謂意止❺也。

見觀空者，行道得觀，不復見身，便墮空無所有者，謂意無所著。意有所著，因爲有。斷六入，便得賢明。賢謂身，明謂道也。

知出何所，滅何所者，譬如念石出石，入木石便滅。五陰亦爾，出色入痛癢，出痛癢入思想，出思想入生死，出生死入識，已分別是，乃墮三十七品經❻也。

問❼：何等爲思惟無爲道？

報：思爲校計，惟爲聽，無爲不念萬物，爲者如說行道；爲得故，言思惟無爲道也。思爲念，惟爲分別白黑；黑爲生死，白爲道，道無所有；已分別無所有，便無所爲，故言思惟無爲道。若計有所爲、所著，爲非思惟。思亦爲物，惟爲解意，解意便知十二因緣事，亦謂思爲念，惟爲計也。

注釋

❶「卷下」，底本爲高麗藏本。

❷譯者，《資》、《普》作「後漢沙門安世高譯」；《磧》、《南》、《徑》、《清》作「後漢安息國三藏法師安世高譯」。

❸❹❺「止」，諸本作「心」，不從。

❻「經」，諸本作「結」，不從。

❼「問」，諸本作「問曰」。

譯文

所謂斷生死，得神足，意有所念想爲生，無所念想爲死；得神足的人能夠飛行，所以說生死當斷。

獲得神足有五種意：一是喜，二是信，三是精進，四是禪定，五是神通。總有四種「神足念」。其中「不盡力」的可以獲得「五通」；「盡力」而自在的可以趨向「六通」。意思是說，修道的人行「四神足念」，一般獲得「五通」，如果「盡意」，可以獲得「六通」。所謂「盡意」，即「意」不對萬物有所欲求。

一信、二精進、三意念、四定、五黠慧，此五事爲四神足念。加上努力，總共六事，皆歸屬於信而作爲四神足念。從喜、從念、從精進、從禪定、從黠慧，是從屬於五根。

從「喜」得定乃是信「道」，從「力」得定乃是「精進」，從「意」得定乃是「意念定」，從「施」得定乃是「行道」。因爲有種，「所以有根」。

生滅變化等有爲之事，都屬於惡，據此便產生觀想，令惡不能得勝。意思是說，獲得禪定，是因爲有「力」；也可以說令惡不能勝，因爲善意既滅能令之復起，名之爲「力」。所謂從「力」得「定」，就是「惡意」欲來而不能毀壞「善意」，所以說爲「力定」。

原典

斷生死得神足❶，謂意有所念爲生，無所念爲死。得神足者，能飛行故，言生死當斷也。

得神足有五意：一者喜，二者信，三者精進，四者定，五者通❷也。四神足❸念不盡力得五通❹，盡力自在向六通。爲道人四神足，得五通，盡意可得六通❺。盡意謂萬物不欲也。

一信，二精進，三意，四定，五黠，是五事❻爲四神足念。爲力者❼，凡六事也，從信爲屬，四神足念。從喜、從念、精進，從定、從黠，是爲屬五根也。從喜定謂信道，從力定謂精進，從意定謂意念定，從施定謂行道也。爲種故有根。

有爲之事，皆爲惡，便生想不能得勝，謂得禪是因爲力。亦謂惡不能勝。善意滅復起故爲力，力定者，惡意欲來不能壞善意，故爲力定也。

注釋

❶**神足**：神，指自在無礙，隨意而行；足譬喻禪智，據說由禪智可獲得隨意自在的神力，名神足。或作爲五通、六通之一，四神足之一，此處特指三十七道品中的四神足。

❷**通**：神通之略稱。

❸**四神足**：後出經典多指由欲、勤、心、觀所成之禪定，本經另有解釋。

❹**五通**：指五種神通，所謂如意通、天眼通、天耳通、宿命通、他心通。被認爲是凡聖離欲而行四禪均可獲得的神通。「通」字，《資》作「道」。

❺**六通**：上述五通增加漏盡通。被認爲是唯有離凡的聖者或佛才能獲得的神通。「通」字，《資》作「道」。

❻**五事**：此五事後稱五根，指令善法增長的心理條件。其中第三意，通譯爲念，指憶念不忘。第五黠，即慧。然而本經對五根的解釋有異。

❼**爲力者**：力指令五根增長的努力，即努力促進信、精進、念、定、慧的堅定增長。本經將此力作爲獨立的心理要素運用。者字，諸本作至。

譯文

行道的人行道尚未達到觀，應當籌算達到觀，凡於所觀，意念不復轉移。爲了達到觀，有止惡一法；爲了坐禪，應觀二法：有時觀身，有時觀意，有時觀喘息，有時觀有，有時觀無。根據所在的因緣，應當分別觀察。

所謂止惡一法，觀二法，惡已滅盡而行止觀爲的是觀道。惡未滅盡，不能見道，所以惡已滅盡始得觀道。此中止惡一法，指能知惡，且能制止一切惡；不令意有所執著，乃是止。也可以說，得息的念想，隨著專注於息而止，此得息想隨息而止，是止惡一法。由於惡已被制止，便得以觀察，即是觀二法。

為了獲得四諦，為了行淨，應當再次作淨。意思是說，認識世間人生的本質是苦，捐棄造成諸苦的習性，知道滅盡諸苦和習性的歸宿，修行達到此一歸宿的道德，則如日出時，潔淨轉而由眼耳、色聲等十二門中出離，所以佛經說：從道得解脫。

所謂去冥見明，如日出時，譬如日出，所見多廣，此為棄諸冥。冥即是苦。何以知其為苦？因為冥暗多所罣礙，所以知其為苦。什麼叫捐棄習性？指不造作事業。什麼叫盡證（證得滅諦）？指無所有。所謂道，就是明了識苦、斷習、盡證、念道（認識和實行四諦）。

認識從苦而生，不識得苦，也沒有對苦的認識，此乃是苦。所謂盡證（盡），就是了知凡人盡當老病死；所謂證，就是了知萬物皆當滅亡，此乃是盡證。

譬如日出，能作四件事：一、破壞闇冥。意思是說，慧能破壞愚癡；二、顯現明亮。意思是說，愚癡除盡，獨有慧在；三、明見諸色萬物。即現見身上所有惡濁腺液；四、成熟萬物。若無日月，萬物不會成熟，人若沒有智慧，破壞愚癡的意也不會成熟。

所謂上頭行俱行，指所當行與事已行不能分開講，就是說，修行信等五根，是從頭到尾說下來的，身心並得修行。

原典

道人行道未得觀，當校計得觀，在所觀意不復轉。爲得觀，止惡一法；爲坐禪，觀二法：有時觀身，有時觀意，有時觀喘息，有時觀有，有時觀無，在所因緣當分別觀也。

止惡一法，觀二法，惡已盡止❶觀者，爲觀道。惡未盡，不見道，惡已盡乃得觀❷道也。止惡一法爲知惡，一切能制，不著意爲止。亦爲得息想隨止。得息想隨止，是爲止惡一法；惡已止便得觀故，爲觀二法。

爲得四諦，爲行淨，當復作淨者。識苦棄習，知盡行道❸，如日出時，淨轉出十二門❹故，經言：從道得脫也。

去冥見明，如日出時，譬如日出多所見，爲棄諸冥，冥爲苦。何以知爲苦？多所罣礙，故知爲苦。何等爲棄習❺？謂不作事。何等爲盡證？謂無所有。道者明識苦、

斷習❻、盡證、念道。

識從苦生，不得苦亦無有識，是爲苦也。盡證者，謂知人盡當老病死。證者知萬物皆當滅，是爲盡證也。

譬如日出作四事：一壞冥，謂慧能壞癡；二見明，謂癡除獨慧在；三❼見色萬物，爲見身諸所有惡露；四成熟萬物，設無日月，萬物不熟，人無有慧，癡意亦不熟也。

上頭行俱行者，所行事已❽行，不分別說，謂行五直聲，身心並得❾行也。

注釋

❶「止」，諸本作「爲止」。

❷「觀」，諸本作「見」。

❸**識苦棄習，知盡行道**：其中苦、習、盡、道，即是上述之四諦。習後譯爲集，盡後譯爲滅。苦、習指世間因果，用以說明三界流轉及其性質；盡、道指出世間因果，用以說明解脱之道和最後的歸宿。此說體現了佛教的基礎教理和實踐。「習」，《

磧》、《普》、《南》、《徑》作「集」。

❹**十二門**：此處指眼、耳、鼻、舌、身、意六根和色、聲、香、味、觸、法等六境。一般稱作十二入或十二處。

❺❻「習」，《磧》、《普》、《南》、《徑》作「集」。「習」是「集」的舊譯。

❼「三」，《南》作「不」。

❽「已」，諸本無。

❾「得」，《磧》、《普》、《南》、《徑》作「俱」。

譯文

專注於念想諸法，意便著於諸法中；專注於念想諸法，意便著於所念的對象，是什麼便產生什麼。所以求生死得生死，求道得道。不論是內是外，隨之而起意想，就是念法，意著法中。同樣，從四諦而自知的意想，產生什麼，便得什麼；不產生什麼，便不得什麼。由此除卻不合四諦的意想，令有所畏懼，不敢違犯，所行所念常住於道，這就是意著法中。此名爲法正。從諦這一根本生起意想，根本即著於意中。所謂法正，就是道法。從諦的諦，就是四諦。

所謂本起著意，意思是說，面對的生死萬事，皆本於從意生起；便執著於意，便有五陰。所起此意，應當斷滅；斷滅根本，五陰隨之斷滅。有時也自己斷滅，不再念想。令意自起，乃是罪。又，意不定在道，是罪尚未滅盡的緣故。

所謂意著法中，意思是說，意專注於念想萬物，就是墮入生死外法中；意不念想萬物，就是墮入道法中。五陰爲生死法，三十七品經爲道法。

所謂意著法中，意思是說，制止五陰不令有犯，也可以說，經常念想道而不離開，此即是意著法中。

所謂所本正，在外處處爲萬物之本，是福之所在，內則總攬三十七品經，因爲行道不是一時之事。所本的意思，指修行三十七品經法，如其次第隨順而行；意想不入邪途即是正，所以名爲所本正。所本正而包括種種異行。以無爲對本，以不求爲對正，以無爲爲對無爲，以不常爲對道，以無有爲對亦無所有，也無有本，也無有正，乃是無所有。

由禪定覺察所受之身。如此效法於道，說爲依法得定。所謂道說，就是說從因緣得道。

見陰受，指受納五陰。所謂有入，指墮入五陰。所謂因有生死陰，指受納正。所謂正，指道自身是正。但應當爲自身正心。

原典

從諦念法，意著法中；從諦念法，意著所念，是便生是。求生死，得生死，求道得道。內外隨所❶起意，是爲念法，意著法中者。從四諦自知意，生是當得是，不生是不得是，便卻意畏不敢犯。所行所念常在道，是爲意著法中也。是名爲法正，從諦本起，本著意。法正者，謂道法；從諦，謂四諦。

本起著意者，謂所向生死萬事，皆從本意起，便著意，便有五陰。所起意當斷，斷本，五陰便斷。有時自斷，不念。意自起爲罪，復不定在道，爲罪未盡故也。

意著法中者，諦意念萬物，爲墮外法中；意不念萬物，爲墮道法中。

五陰爲生死法，三十七品經爲道法。

意著法中者，謂制五陰不犯，亦謂常念道不離，是爲意著法中也。

所本正者，所在外爲物本，爲福所在。內惚❷爲三十七品經，行道非一時端故。所本者，謂行三十七品經法，如次第隨行；意不入邪爲正，故名爲所本正。所本正各自異行：以無爲對本，以不求爲對正，以無爲爲對無爲，以不常爲對道，以無有爲對亦無有所，亦無有本，亦無有正，爲無所有也。

定覺受身。如是法道，說謂法定。道說者，謂說所從因緣得道。見陰受者，爲受五陰。有入者，爲入五陰中。因有生死陰者，爲受正；正者，道自正。但當爲自正心耳。

注釋

❶「所」，諸本作「行」。

❷「惚」爲「總」的俗寫。

譯文

人們修行安般守意，獲得數，獲得相隨，獲得止，便生歡喜。此四種現象，如同鑽火見煙，不能熟物，得的是什麼喜？因爲尙未得到出離的要點。

修行安般守意，有十八種煩惱，令人不能隨順於道：一是愛欲，二是瞋恚，三是愚癡，四是戲樂，五是傲慢，六是懷疑，七是不受行相，八是受他人相，九是不念，十是他念，十一是不滿念，十二是過於精進，十三是不夠精進，十四是驚怖，十五是強制意，十六是憂，十七是匆促，十八是不度意行愛。此爲十八惱。不護持自己，而受十八因緣干擾，不能得道；加以護持，便能得道。

此中不受行相，指不觀身有三十二種不淨物，不念想三十七品經，是爲不受行相。所謂受他人相，指尙未達到十息，便行相隨，是爲受他人相。所謂他念，指入息時念出息，出息時念入息，此爲他念。所謂不滿念，指尙未達到一禪便想念二禪，此爲不滿念。所謂強制意，指所坐散亂，意不能得息，應當依「經」而行，通過讀「經」，令散亂不得發生，此爲強制意。所謂精進，指黠慧走入此六事中，數息、相隨、止、觀、還、淨，此爲六事。

原典

人行安般守意，得數，得❶相隨，得止❷，便歡喜。是四種，譬如鑽火見烟，不能熟物。得何等喜？用未得出要故也。

安般守意有十八惱，令人不隨道。一爲愛欲，二爲瞋恚，三爲癡，四爲戲樂，五爲慢，六爲疑，七爲不受行相，八爲受他人相，九爲不念，十爲他念，十一爲不滿念，十二爲過精進，十三爲不及精進，十四爲驚怖，十五爲強制意，十六爲憂，十七爲忩忩❸，十八爲不度意行愛，是爲十八惱。不護是十八因緣，不得道，以護便得道也。

不受行相者，謂不觀三十二❹物，不念三十七品經，是爲不受行相。受他人行相者，謂未得十息便行相隨，是爲受他人相。他念者，入息者念出息，出息時念入息，是爲他念。不滿念者，謂未得一禪便念二禪，是爲不滿念。強制意者，謂坐亂意不得息，當經行讀經，以亂不起，是爲強制意也。精進，爲黠走是六事中，謂數息、相隨、止、觀、還、淨，是爲六也。

注釋

❶「得」，諸本無。

❷「止」，諸本作「正」。

❸「忩忩」，即「忽忽」。

❹「三十二」，諸本作「三十六」。

譯文

什麼是喘？什麼是息？什麼是氣？什麼是力？什麼是風？所謂喘，乃是意；所謂息，乃是命；守為氣；令有視有聽；風是能言語，從屬於道而有屈伸；力為能舉重，令瞋恚移去。

要從守意得道。由什麼原因獲得守意？從數息轉而得息，內得息轉而得相隨，止、觀、還、淨也是如此。

行道要達到止意，應當知道三件事：一、首先觀想：思念此身本從何來？但是隨從五陰而行才會存在，斷滅五陰便不復生，譬如寄託，是暫住之物；意若有所不解，當念想身之九竅以自證。二、自當內視心中，令意隨息出入。三、出息入息的念想滅時，息出小而輕的念想滅時。什麼是知無所有？意安定便知道空，知道空便知無所有。爲什麼？因爲息不回報便是死，由此知身是氣所造作，氣滅就是空。覺悟空便墮於道中。

因此，行道有三件事：一是觀察身，二是念想一心，三是意念出入息。還有三件事：一、制止身有受，二、制止口出聲，三、制止意生念。修行上述六件事，能迅疾得息。

總結佛經言，一念指一心；近念指算計身；多念指一心；不離念指不離念於身。行此四事，便會迅疾得息。

坐禪數息，即時令意安定，此爲今福；從此安隱不散亂，此爲未來福；更加長久持續安定，此爲過去福。

坐禪數息，不能令意安定，此爲今罪；從此不得安隱，令意散亂生起，此爲當來罪；坐禪越久越不安定，此爲過去罪。

有身的過錯，有意的過錯。身形強直，令數息不得，此是意的過錯；身形歪曲，令數息不得，此是身的過錯。

坐禪自覺意已得定，此時意喜便屬於散亂意，不喜便屬於道意。

坐禪念繫於息已經停止，便當觀想；觀想停止，還當繫念於息。人們行道，應當以此爲常法。

原典

何等爲喘？何等爲息？何等爲氣？何等爲力？何等爲風？喘者爲意，息爲命，守爲❶氣，爲視聽，風爲能言語，從道屈伸，力爲能舉重瞋恚也。

要從守意得道。何緣得守意？從數轉得息，息轉得相隨；止、觀、還、淨亦爾也。

行道欲得止意，當知三事：一者先觀，念身本何從來？但從五陰行有，斷五陰不復生，譬如寄託，須臾耳。意不解，念九道❷以自證。二者自當內視心中，隨息出入。三者出息入息念滅時，息出小輕念滅時。何等爲知無所有？意定便知空，知空便知無所有。何以故？息不報便死，知身但氣所作，氣滅爲空，覺空墮道也。

故行道有三事：一者觀身，二者念一心，三者念出入息。復有三事：一者止身痛癢，二者止口聲，三者止意念。行是六事，疾得息也。

要經言，一念謂一心，近念謂計身，多念謂一心，不離念謂不離念身。行是四事，便疾得息也。

坐禪數息即時定意，是爲今福❸，遂安隱不亂，是爲未來福，益久續復安定，是爲過去福也。

坐禪數息不得定意，是爲今罪；遂不安隱亂意起，是爲當來罪；坐禪益久遂不安定，是爲過去罪也。

亦有身過、意過，身直數息不得，是❹爲意過；身曲數息不得，是爲身過也。

坐禪自覺得定意，意喜爲亂意，不喜爲道意。

坐禪念息已止便觀，觀止復行息，人行道，當以是爲常法也。

注釋

❶「爲」，諸本無。

❷**九道**：後譯爲九孔、九漏、九竅等，指五官七竅加大小便二道。佛教以此九處爲人身不淨的根據之一。

❸「今福」，《徑》作「令」。

❹「是」，《資》無。

譯文

佛說有五信：一、信有佛有經典，二、出家剃髮求道，三、坐而行道，四、得息，五、定意所念，不念爲空。

有疑難問：所謂不念爲空，爲什麼要念息？

回答說：息中沒有五色，沒有貪婬、瞋恚、愚癡、愛欲，此也是空。

所謂可守身中意，意繫於身的觀想，名爲身中意。有人不能控制自己的意念，所以令其數息；由於黠慧能控制意念，所以可以不再數息。

問：什麼是自知？什麼是自證？

答：能分別知道五陰，此爲自知；於道不生懷疑，此爲自證。

問：什麼是無爲？

答：無爲有兩類，有外無爲，有內無爲。眼不見色，耳不聽聲，鼻不受香，口不嚐味，身不貪細滑，意不執著，此爲外無爲；數息、相隨、止、觀、還、淨，此爲內無爲。

問：其表現是有所念，爲什麼是無爲？

答：若身、口持戒，意想向道進行，雖有所念，本意則趨向無爲。

問：什麼是無？什麼叫爲？

答：所謂無，就是不念想萬物；所謂爲，就是隨經教而行。爲指謂「事」而給以相稱的「名」，所以說爲「無爲」。

原典

佛說有五信，一者信有佛有經，二者去家❶下頭髮求道，三者坐行道，四者得息，五者定意所念，不念爲空。

難：不念爲空，何以故念息？

報曰：息中無五色，貪婬、瞋恚、愚癡、愛欲，是亦爲空也。

可守身中意者，謂意在身觀，是爲身中意。人不能制意，故令數息，以黠能制意，不復數息也。

問：何等爲自知？何等爲自證？

報：謂能分別五陰，是爲自知；不疑道，是爲自證也。

問曰：何等爲無爲？

報：無爲有二輩❷，有外無爲，有內無爲，眼不觀❸色，耳不聽聲，鼻不受香，口不味味，身不貪細滑，意不志念❹，是爲外無爲。數息、相隨、止、觀、還、淨，是爲內無爲也。

問：現有所念，何以爲無爲？

報：身口爲戒，意向道行，雖有所念，本趣無爲也。

問：何等爲無？何等名爲？

報：無者，謂不念萬物；爲者，隨經行。指事稱名，故言無爲也。

注釋

❶「去家」，諸本作「出家」。

❷「輩」，「輩」的俗寫。

❸「觀」，諸本作「視」。

❹「志念」，諸本作「妄念」，不從。

譯文

問：假設宿命果報來到，應當如何除卻？

答：修行數息、相隨、止、觀、還、淨，念想三十七品經，能夠除卻。

有疑難問：宿命果報是不可除卻的，爲什麼數息、修持三十七品經能夠除卻？

答：因爲念道可以消惡。假設數息、相隨、止、觀、還、淨不能滅惡，則世間都不可能得道；由於能夠消惡，所以才能得道。數息、相隨、止、觀、還、淨、行三十七品經尙得作佛，何況免除罪的果報。即使在十方積（罪）如山，精進行道也不會與罪相會。

問：經言如此，但爲什麼不與罪相會？

答：因爲依經而作的緣故。

原典

問：設使宿命對來到，當何以却？

報：行數息、相隨、止、觀、還、淨，念三十七品經能却。

難：宿命對不可却，數息、行三十七品經何以故能却？

報❶：用念道故消惡，設使數息、相隨、止、觀、還、淨不能滅惡，世間人皆不得道。用消惡故得道，數息、相隨、止、觀、還、淨、行三十七品經尙得作佛。何況罪對，在十方積如山，精進行道不與罪會。

問曰：經言作是何以故不會？

報：用作是故也。

注釋

❶「報」，《資》、《磧》、《普》、《南》作「服」，誤。

譯文

數息是為了悟入十二品。什麼叫十二品？數息時進入四意止；息不亂時進入四意念斷；獲得十息有時進入四神足，隨行此三個「四」，就是悟入十二品。

問：什麼叫作念三十七品經？

答：即數息、相隨、止、觀、還、淨。修行此六件事，就是念三十七品經。行持數息，也是修行三十七品經。

問：為什麼說是為了修行三十七品經？

答：數息是爲了進入四意止。爲什麼？因爲爲了四意止，也進入四意斷，由於不待念想，所以爲四意斷。也進入四神足，由於信而得，所以爲神足。

數息爲的是隨順信根，因爲信佛令意喜歡，所以令信生長。信根也隨順能根（精進根），因爲坐禪而行，所以是隨順於能根；也是隨順識根（念根），因爲已認識四諦，所以名爲識根；也是隨順定根，因爲意識安寧，所以名爲定根；也是隨順黠根，因爲脫離愚癡，意識從諸結縛中得到解脫，所以說爲黠根。

數息也能隨順信力，因爲無有疑惑，所以成爲信力；也隨順進力，因爲不斷精進，所以成爲進力；也隨順念力，因爲其餘的意念不能排斥此念，所以成爲念力；也隨順定力，因爲唯是一心（非是多心），所以成爲定力；也隨順黠力，因爲此前分別了知四意止、四意斷、四神足，所以成爲黠力。

數息也能隨行覺意，因爲已經認識了苦，所以成爲有覺悟的意識；也隨順法識覺意，因爲了知「道」的因緣，所以成爲對法有覺悟的意識；也隨順力覺意，因爲捐棄諸惡，所以成爲不斷精進的覺悟；也隨順愛覺意，因爲貪樂於道，所以成爲自覺愛道的意識；也隨順息意覺，因爲意念停止了，所以成爲意念休息的自覺；也隨順定覺意，因爲無有念想，成爲心理安定的自覺意識；也隨順守覺意，因爲所行不離道法，所以守護戒律成爲自覺。

數息也隨順八行。因爲意想正直，所以悟入八行。以禪定的意、慈愛的心念想潔淨的法，此爲「直身」；用至誠語、和氣語、正直語、不報復語說話，此爲「直語」；黠慧留在意中，誠信留在意中，忍辱留在意中，此爲「直心」。所謂以聲息（除惡），乃是十善，由此而進入道行。數息也隨順直見，因爲以四諦觀察，所以是「直見」；也隨順直行，因爲意之所行趨向於道，所以是「直行」；也隨順直治，因爲修行三十七品經，所以是「直治」；也隨順直意，因爲念想四諦，所以是「直意」；也隨順直定，因爲意想白淨無垢，毀壞魔兵，所以是「直定」。以上總爲八行。什麼叫作魔兵？所謂色、聲、香、味、觸五塵叫作魔兵；不去感受五塵，叫作壞魔兵。

原典

數息爲墮十二品，何謂十二品？數息時墮四意止；息不亂時爲墮四意念斷；得十息有時爲墮四神足；是爲墮十二品也。

問：何等爲念三十七品經？

報：謂數息、相隨、止、觀、還、淨。行是六事，是爲念三十七品經也。行數息亦爲行三十七品經。

問：何以故爲行三十七品經？

報：數息爲墮四意止。何以故？爲四意止亦墮四意斷，用不待念故；爲四意斷，亦墮四神足，用從信故，爲神足也。

數息爲墮信根，用信佛意喜故生信根。亦墮能根，用坐行故，爲墮能根；亦墮識根❶，用知諦故，爲識根；亦墮定根，用意安故，爲定根；亦墮黠根，用離癡意解結故，爲黠根❷也。

數息亦墮信力，用不疑故，爲信力；亦墮進力，用精進故，爲進力❸；亦墮念力，用餘意不能攘故，爲念力；亦墮定力，用一心故爲定力；亦墮黠力❹，用前分別四意止、斷、神足故，爲黠力也。

數息亦墮覺意❺，用識苦故，爲覺意；亦墮法識覺意，用知道因緣故，爲法❻覺意；亦墮力覺意，用棄惡故，爲覺意❼；亦墮愛覺意，用貪樂道故，爲愛覺意；亦墮息意覺，用意止故爲息意覺；亦墮定覺意，用不念故，爲定覺意；亦墮守覺意，用行不離故，爲守覺意也。

數息亦墮八行。用意正，故入八行。定意、慈心念淨法，是爲「直身」❽；至誠語、軟語、直語、不還語，是爲「直語」；黠在意，信在意，忍辱在意，是爲「直心」。所謂以聲息❾，是爲十善，墮道❿行也。數息亦墮直見，用諦觀故爲「直見」；亦墮直行，用向道，故爲「直行」；亦墮直治，用行三十七品經，故爲「直治」；亦墮直意，用念諦，故爲「直意」；亦墮直定，用意白淨、壞魔兵，故爲「直定」。是爲八行。何等爲魔兵？謂色、聲、香、味、細滑，是爲魔兵；不受是爲壞魔兵。

注釋

❶**識根**：後譯作念根，五根之一。

❷**黠根**：後譯作慧根，五根之一。

❸**進力**：後譯作精進力，五力之一。

❹**黠力**：後譯作慧力，五力之一。

❺此處所說的覺意、法識覺意、力覺意、愛覺意、息覺意、定覺意、守覺意，通稱七覺意，亦譯作七菩提分、七覺支，三十七道品之一。被認爲是獲得菩提覺悟的七種因素，本經則作爲對某種教理和修持的自覺。至於所覺的內容，以及對各支的具體解釋，佛家各派也不盡相同，本經是中國佛教中最早的一種詮釋。

❻「法」，諸本作「法識」。

❼「覺意」，《大正》作「力覺意」。

❽**直身**：相當於正命；其後的直語，相當正語；直心，相當於正思惟；直見相當於正見，直行相當正業；直治，相當正精進；直意相當正念，直定相當正定。本經的譯名與釋義，與後出的經籍有較大的差別，而本經的前後解釋，也不全同。

❾「息」，《資》作「息心息」，《磧》、《普》、《南》、《徑》、《清》作「身心息」。

❿「道」，諸本作「善」。

譯文

三十七品經應集中來談。

假設觀想自己的身相，觀想他人的身相，制止婬邪，此意不亂而制止其餘的意念；觀想自己的痛癢感受，觀想他人的痛癢感受，制止瞋恚；觀想自己的意，觀想他人的意，制止愚癡；觀想自己的所有法，觀想他人的所有法，由此得道。總名爲四意止。

避免執於身見，爲的是避免色欲；避免執著於痛癢，爲的是避免五樂；避免執著於意，爲的是避免念想；避免執於法見，爲的是不隨逐個人業力的牽引去謀取不正當的生計。總名爲四意念斷。

認識苦，從本以來就是苦。其所以成爲苦，是因爲有身。以苦爲因緣而起念，所見的萬物，都是苦的習積所成，其本爲苦；以苦爲因緣，而令生念滅盡，所見萬物皆當敗壞。爲了增加對苦的習積的（認識），應當繼續隨順上述之八種道行。修道的人應當念想這八種道行，此稱爲四意止、四意念斷，並獲得四神足念。

信佛而心意感到喜悅，此名信根，作到自覺守意行法；從四諦觀身、觀意而順受，此名能根，起精進功用；從四諦念想達到四諦，此名識根，起守意的功能；從四諦集爲一意，從四諦集爲一意而止住，此名定根，起正意的功能；從四諦觀四諦，此名黠根，即是道意。總名爲五根。

從四諦得信，不再有疑惑，此名信力；捐棄貪欲而行道，從四諦自覺精進，惡意不能敗壞精進，此名進力；惡意欲起，當即時滅除，由四諦規範意，無有能敗壞其意，此名念力；內觀外觀，從四諦得以安定，惡意不能壞其善意，此名定力；意念住於四禪，從四諦獲得黠慧，惡意不能壞其黠意，此名黠力。此等意念有出有入，結束後又重新生起，總名爲五力。

從四諦念想四諦，此名爲覺意，獲得道意；從四諦觀察四諦，是藉「名」知「法」，名爲法識覺意，獲得生死意；從四諦觀身、觀意，堅持不懈，此名力覺意，持道不失爲力。從四諦完備，心喜四諦，此名愛覺意，貪愛道法而行道；修行道法而歸從四諦，意即獲得休息，此名息覺意；已經休息安隱，歸從四諦而爲一念之意，此名定覺意；自知意已得安定，從四諦而得自在，凡意所行處，都能順從所觀之理，此名守覺意。從四諦觀意，總名爲七覺意。

從四諦堅守四諦，此名直信道；從四諦得直，從行於四諦，此爲直從行念道。從四諦觀身、觀意，堅持不懈，此名直治法；所謂不欲墮四惡，四惡指常、樂、我、淨等四顛倒。從四諦念想四諦，此名直意；不散亂之意，歸從四諦爲一心之意，此名直定。在一心上頭，作三種合於佛法的行爲，即聲（語）、身、心三種行爲俱時而作。佛弟子如此八行，乃名四禪，是爲四意斷。

第一行是直念，屬於心，心常念道。第二行是直語，屬於口，斷除善不欲行、惡不欲斷等四意。第三行是直觀，屬於身，觀察自身內外。第四行是直見，歸信於道。第五行爲直行，不追隨四惡，所謂四顛倒。第六行爲直治，斷除道意之外的其他諸意。第七行是直意，不墮落於貪欲。第八行是直定，正心無邪。總名「八行佛」，是辟支佛、阿羅漢所不行的。

原典

三十七品應斂。

設自觀身、觀他人身，止婬，不亂意，止餘意；自觀痛癢，觀他人痛癢，止瞋恚；自觀意、觀他人意，止癡；自觀法，觀他人法，得道。是名爲四意止也。

避身爲避色，避痛癢爲避五樂，避意爲避念；避法，不墮願業治生，是名爲四意念斷也。

識苦者，本爲苦，爲苦者，爲有身，從苦爲因緣起者，所見萬物，苦習者，本爲苦，從苦爲因緣生盡者，萬物皆當敗壞。爲增苦習，復當爲墮八道❶中。道人當念是八道，是名爲四爲、四收苦❷，得四神足念也。

信佛意喜，是名爲信根，爲自守行法；從諦身意受，是名能根，爲精進；從諦念遂諦，是名識❸根，爲守意❹；從諦一意，從諦一意止，是名定根，爲正意；從諦觀諦，是名黠根，爲道意。是名爲五根也。

從諦信不復疑，是名信力；棄貪行道，從諦自精進，惡意不能敗精進，是名進力；惡意欲起，當即時滅，從諦是意，無有能壞意，是名念力；內外觀從諦以定，惡意不能壞善意，是名定力；念四禪❺從諦得黠，惡意不能壞黠意，是名黠力。念出入盡復生，是名爲五力也。

從諦念諦，是名覺意，得道意；從諦觀諦，是名法，名法識覺意，得生死意；從諦身意持，是名力覺意，持道不失爲力；從諦足喜諦，是名愛覺意，貪道法行道；行道法❻從諦，意得休息，是名息意覺❼；已息安隱，從諦一念意，是名定覺意；自❽知意以安定，從諦自在，意在所行從觀，是名守意覺。從四諦觀意，是名爲七覺意也。

從諦守諦，是名直信道；從諦直從行諦，是爲直從行念道。從諦身意持，是名直治法；不欲墮四惡❾者，謂四顛倒❿。從諦念諦，是名直意；不亂意，從諦一心意，是名直定。爲一心上頭，爲三法意行，俱行以聲、身、心。如是⓫佛弟子八行，是名四禪，爲四意斷也。

第一行爲直念，屬心，常念道。第二行爲直語，屬口，斷四意。第三行爲直觀，屬身，觀身內外⓬。第四行爲直見，信道。第五行爲直行，不隨四惡，謂四顛倒。第六行爲直治，斷餘意。第七行爲直⓭，不墮貪欲。第八行爲直定，正心。是爲八行佛。辟支佛、阿羅漢⓮所不行也。

注釋

❶**八道**：此處指上述的四意止、四意念斷。

❷**四爲、四收苦**：是四意止、四意念斷的別稱。「四收」，諸本作「四枝」。

❸「識」，諸本作「諦」。

❹「意」，諸本作「意名」。

❺**四禪**：全稱四禪那（梵文Caturdhyana），意譯四靜慮，或稱四禪定，是佛教諸禪定中體現禪定結構和禪定過程最典範的一種。它由所謂對治支、利益支、自性支三支構成。以「心一境性」注意力集中於一境爲自性支，四禪皆是；而以思惟形式的差別分爲四類，作爲對治支的內容，當成區劃四禪的標準之一；又以主觀感受的差別分爲四類，作爲利益支的內容，當成區劃四禪的另一類標準。此禪的特點，在於脫離了欲界（貪欲的干擾），成爲色界的思惟和感受活動。此中的主觀感受和思惟形式，對任何行禪者都是一樣的，但思惟的對象和由此得到的觀念，可以有很大的不同。本經前邊說到的一禪、二禪等，就是此四禪中的第一、第二禪。

❻「道行道法」，諸本作「道法行道」，不從。

❼「息意覺」，諸本作「意覺意」。

❽「自」，諸本作「息」。

❾「惡」，諸木作「惡四惡」。

❿**四顛倒**：身本不淨反以爲淨，受本是苦反以爲樂，心本無常反以爲常，法本無我反以爲有我。佛教一般稱此世間的常、樂、我、淨爲四顛倒，略稱四倒。

⓫「如是」，諸本作「猶如」。

⓬「外」，諸本作「外八」。

⓭「直」，諸本作「直意」。

⓮**辟支佛、阿羅漢**：辟支佛（梵文Pratyeka-buddha），意譯緣覺、獨覺。指自覺不從他聞，悟十二因緣之理而歸於涅槃的佛弟子。阿羅漢（梵文Arhat），略稱羅漢，意譯不生、無學果、殺賊等，指遵循佛之原始教旨而得涅槃的佛弟子。後人一般稱此二種修持爲二乘。本經以爲八正道屬於佛乘，而非二乘，是比較特殊的見解。

譯文

第一行是直念。什麼叫作直念？意思是說，不念想萬物，意想不墮於萬物之中，此爲直念；念想萬物，意想墮於其中，即是不直念。

所謂四意止，其第一意止是令身的觀念熄滅；第二意止是念想痛癢等感受的性質；第三意止是念想意隨氣息出入；第四意止是念想諸法因緣。此總爲四意止。

行道的人應當念想此四意止。其一當念：我前世由於愛身，所以今世不得解脫；其二當念：現今這身有如極厲害的怨家迫害著我。爲什麼要如此念想？如此所貪欲的由愛而生，應當斷除，就可以斷除，此爲外身觀止。

所謂四意止，意止的意是，意不執著於身爲「止」，意不執著於痛癢感受爲「止」，意不執著於意爲「止」，意不執著於法爲「止」。意完全隨色等產生的觀念，乃是「不止」。

問：世人爲什麼不隨順四意止？

答：因爲不念想苦、空、非身、不淨，所以不隨順四意止。如果人們的意識經常念想苦、空、非身、不淨而行道，經常想念此四事而不分離，便會迅疾獲得四意止。

問：什麼是身意止？所謂念想老、病、死，此爲身意止。什麼是痛癢意止？所謂（一切感受）皆所不可意，此爲痛癢意止。什麼是意意止？所謂已經念想，重複念想（念念生滅），此爲意意止。什麼是法意止？所謂往時所作爲行，由此還報爲法，也就是說，作是（業）得是（果），此爲法意止。

四意止有四類：一念想非常意止；二念想苦身意止；三念想空、有意止；四念想不淨、樂意止。此爲四意止。一切天下事，都處在身、痛癢、意、法的範圍，統統不過此四事。

所謂四意止，一是但繫念於息而不邪念；二是但念想善而不念想惡；三當自念想：此身非我所有，萬物非我所有，由此便不再趨向；四是眼不視色，意繫於法中。即此名爲四意止。

修道的人應當修行四意止。一、對於眼與色，應當比較計算身中種種惡濁腺液；二、對於意所歡喜、念想爲樂，應當念想痛癢等感受爲苦；三、我意瞋怒，他人意也會瞋怒，我意轉變，他人意也會轉變，如此意想，便不再轉起意念；四、關於意，我意嫉妒，他人意也會嫉妒，我念他人惡，他人也會念我惡，如此意想，便不再起念，此即是法。

所謂身意止，指自觀己身，觀他人身。什麼是身？如果說痛癢是身，則痛癢多到無數；如果說意是身，則也是非身，因爲有過去意、未來意；如果說法是身，則也是非身，因爲有過去法、未來法；如果說心行是身，則此行無有形狀，知爲非身。達到這樣的思考，就是四意止。

意若不墮於有色的念想，關於色的識也不會發生。耳、鼻、口、身等四識，也是如此。應該以意不執著於身爲心；同樣，應該以意不執著於痛癢，意不執著於念想，意不執著於法爲心。

原典

第一行爲直念，何等爲直念？謂不念萬物，意不墮是中，是爲直念。念萬物，意墮中，爲不直念也。

四意止者，一意止爲身念息；二意止爲念痛癢；三意止爲念意息出入；四意止爲念法因緣。是爲四意止也。

道人當念是四意止：一者，爲我前世愛身，故不得脫；二者，今有❶劇怨家，何以故？所欲者愛生，當斷已斷，爲外身觀止也。

四意止者，意止者，意不在身爲止，意不在痛癢爲❷止，意不在意爲止，意不在法爲止。意❸隨色誠便生，是爲不止也。

問：人何以故不墮四意止？

報：用不念苦、空、非身、不淨故，不墮四意止。若人意常念苦、空、非身、不淨行道者，常念是四事不離，便疾得四意止也。

問：何等爲身意止？謂念老、病、死，是爲身意止。何等爲痛癢意止？謂所不可意，是爲痛癢意止。何等爲意意止？謂已念復念，是爲意意止。何等爲法意止？謂往❹時爲行，還報爲法，亦謂作是得是，是爲法意止也。

四意止有四輩，一者念非常意止，二者念苦身意止，三者念空有意止，四者念不淨、樂意止，是爲四意止。一切天下事，皆墮身、痛癢、墮法❺，都盧❻不過是四事也。

四意止者，一者，但念息不邪念；二者，但念善不念惡；三者，自念身非我所，萬物皆非我所，便不復向；四者，眼不視色，意在法中，是名爲四意止也。

道人當行四意止，一者眼、色，當校計身中惡露；二者意歡喜念樂，當念痛癢❼苦；三者我意瞋，他人意亦瞋，我意轉，他人意亦轉，便不復轉意；四意❽者，我意嫉，他人意亦嫉，我念他人惡，他人亦念我惡，便不復念，是爲法也。

身意止者，自觀身，觀他人身。何等爲身？欲言痛癢是身，痛❾無有數；欲言意是身，復非身，有過去意❿，未來意；欲言法是身，復非身，有過去、未來法；欲言行⓫是身，行無有形，知爲非身。得是計，爲四意止也。

意不墮色念，識亦不生。耳、鼻、口、身亦爾。意不在身爲心⓬；意不在痛癢，意不在念，意不在法爲心⓭也。

注釋

❶「今有」，《資》作「念有」，《磧》、《普》、《南》、《徑》、《清》作「念有身」。

❷「爲」，諸本無。

❸「意」，《資》作「自」，《磧》、《普》、《南》、《徑》、《清》作「目」。

❹「往」，諸本作「住」。

❺「墮法」，疑爲「意、法」之誤，諸本作「隨意隨法」。

❻**都盧**：即統統、一概如此。

❼「癢」，諸本無。

❽「意」，諸本無。

❾「痛」，疑爲「痛癢」。

❿「意」，諸本無。

⓫**行**：此處指五陰中的行陰，即具有意志、造作等功能的心理。所以下文說行無有形。

⓬⓭「心」，《磧》、《普》、《南》、《徑》、《清》作「止」。

譯文

問：誰是主宰感知身、意、痛癢者？

答：有身，由身的意感知；痛癢，由痛癢的意感知；意，由意的意感知；有飢，由飢的意感知；有渴，由渴的意感知；有寒，由寒的意感知；有熱，由熱的意感知。因此，是分別的感知。意思是說，身的意念生起身的意念，痛癢的意念生起痛癢的意念，意的意念生起意的意念，法的意念生起法的意念。

所謂四意止，意思是說，意若念惡，控制使其不起，即是止。

四意止也隨入四禪；四禪也隨入四意止。隨入四意止是爲了接近道，不沾染惡便是善意生。四禪就是四意定，爲的是控制意的運行。

行道有四種因緣，一是止身，二是止痛癢，三是止意，四是止法。所謂止身，指遇見色身念想不淨；所謂止痛癢，指不自高自大；所謂止意，指制怒不瞋恚；所謂止法，指不懷疑道。

人們修行四意止，當意起念生時，應即時識別，對症下藥。若獲得一意止，便能達到四意止。

所謂四意定，一是自觀己身，也觀察他人身；二是既觀自己的痛癢，也觀察他人的痛癢；三是既觀自心，也觀察他人心；四是既觀自法因緣，也觀察他人法因緣。如此觀身，觀察一切內外因緣成敗等事，應當思念：我身也必然會如此成敗。此爲四意定。

人若想制止四意的活動，應棄其外向，而攝之爲內。已經收心攝意，就是棄外爲內。

所謂觀他人身，自觀己身而不離他人身，便是觀他人身。如果觀他人身，則非。觀他人痛癢、意、法，也是這個意思。自貪己身，應當觀察他人身；念想他人身，便當自觀己身。如此觀想，名爲意止。

問：意正在運行，如何加以制止？

答：意由自觀己身而生貪愛，便令其觀察他人身，爲的是令意從貪愛中轉變，並加以制止。如果意是貪愛他人身，則應當回過來自觀己身。

原典

問：誰主知身、意、痛癢者？

報：有身、身意知；痛癢，痛癢意知；意意，意意知❶；有飢，飢意知；有渴，渴意知；有寒，寒意知；有熱，熱意知。以是分別知也。身意起身意，痛癢意起痛癢意，意意起意意，法意起法意。

四意止謂意念惡，制使不起，是爲止也。

四意止亦隨四禪❷，亦隨四意止。墮四意止爲近道，不著惡便善意生。四禪爲四意定，爲止❸意也。

行道有四因緣，一止身，二止痛癢，三止意，四止法。止身者，謂見色念不淨；止痛癢者，謂不自貢高；止意者，謂止不瞋恚；止法者，謂不疑道。

人行四意止，意❹起念生，即時識對行藥❺。得一意止，便得四意止也。

四意定，一者，自觀身，亦復觀他人身；二者，自觀痛癢，亦復觀他人痛癢；三者，自觀心，亦復觀他人心；四者，自觀法因緣，亦復觀他人法因緣。如是身，一切觀內外因緣成敗之事，當念我身亦當成敗如是，是爲四意定也。

人欲止四意，棄爲外，攝爲內。已攝意，爲外棄爲內也。

觀他人身，謂自觀身不離他❻，便爲觀他人身。若❼觀他人身爲非。痛癢、意、法亦爾也。自貪身當觀他人身，念他人身便自觀身，如是爲意止。

問：意見行何以爲止？

報：意以自觀身貪，便使觀他人身，爲意從貪轉故應止，若意貪他人身，當還自觀身也。

注釋

❶「意意，意意知」，疑爲「意，意意知」，諸本作「意意知」，不從。

❷「四禪」，疑下缺「四禪」。

❸「止」，諸本作「正」。

❹「意」，諸本無。

❺「藥」，諸本作「樂」。

❻「離他」，諸本作「離意」。

❼「若」，底本爲「苦」，疑爲「若」之誤。

譯文

有時自觀己身，不觀察他人身；有時應當觀察他人身，不應當觀察自身；有時可以自觀己身，也可以觀察他人身；有時不可以自觀己身，也不可以觀察他人身。

所謂自觀己身，由於反復算計觀察他人身，其意不能止於他人身上，則必須自念己身，令意專注於己身，由此再轉移注意力到他人身上。

所謂觀他人身，就是見他人身色肥白，黛眉紅唇。見肥應當念想死人的腫脹相，見白應當念想死人的骨骼相，見眉黑應當念想死人正在變黑，見紅唇應當念想流血正紅。這樣校量算計身體的諸所有，由此獲得這樣的意想，便會轉變成不再愛己身。

觀有內有外。對於嫉妒、瞋恚、疑惑，應當內觀；對於貪愛、邪婬，應當外觀。對於貪愛，應當念想非（無）常、敗壞；對於邪婬，應當有針對性的念想所有惡濁腺液。如自觀己身邪婬，應當念想四斷意。

觀有兩類：一是觀外，二是觀內。觀察身有三十六種不淨之物，及一切可見之物，都屬於觀外；觀無所有是道，乃是觀內。

所謂觀有三件事：一是觀想身的四種顏色，所謂黑、青、赤、白；二是觀想生死非（無）常；三是觀想身之七竅、二便等「九道」。觀想白色（骨）而現見黑色，是爲不淨。

應當首先聽聞正法，然後學習，最後得道。尚未得道，屬於「聞」的階段，得道別稱「證」，「得」就是知。

觀有四種：一是身觀（觀身），二是意觀（觀意），三是行觀（觀行），四是道觀（觀道），是爲四觀。譬如有人看守物品，賊盜來了，便捨棄物品監視盜賊；人已觀察得到身，便捨棄其觀身而觀物了。

觀有二件事：一是觀察外在的所有色相，無所有；二是觀察內在本質，無所有。觀空已畢，達到四禪。觀空無所有，有意、無意也無所有，此乃是空。也稱之爲四棄，即得到了四禪。

原典

有時自身觀，不觀他人身；有時當觀他人身，不當自觀身；有時可自觀身，亦可觀他人身；有時不可自觀身，亦不可觀他人身。

自觀身者，爲校計觀他人身意不止，須自念身爲著，便轉著他人身。

觀他人身，爲見色肥白，黛眉赤唇。見肥當念死人脹，見白當念死人骨，見眉黑當念死人正黑，見朱唇當念血❶正赤。校計身諸所有，以得是意，便轉不復愛身也。

觀有內外，嫉、恚、疑❷當內觀；貪婬當外觀。貪當念非常敗，婬當念對所有惡露，如自觀身婬❸，當念四斷意也。

觀有兩輩：一者觀外，二者觀內。觀身有三十六物❹，一切有對，皆屬外；觀無所有爲道，是爲內觀也。

觀有三事，一者觀身四色，謂黑青赤白❺；二者觀生死；三者觀九道。觀白見黑爲不淨。

當前聞以學後得道，未得道爲聞，得別爲證。得，爲知也。

觀有四，一者身觀，二者意觀，三者行觀，四者道觀，是為四觀。譬如人守物，盜來便捨物視❻盜；人已得觀，便捨身觀物也。

觀有二事，一者觀外諸所有色，二者觀內謂無所有。觀空已，得四禪。觀空無所有，有意、無意無所有，是為空。亦謂四棄，得四禪也。

注釋

❶「血」，《資》作「面」，《磧》、《普》、《南》、《徑》、《清》作「面血」，皆不從。

❷「疑」，諸本作「癡」。

❸「娙」，《磧》、《普》、《南》、《徑》、《清》作「疾」。

❹**三十六物**：據《增一阿含經》卷二十五中說，人身有三十六種不潔淨物，如皮、肉、骨、筋、涎、痰、膿、血等。是觀身不淨的禪定中觀想的對象。

❺**黑青赤白**：指人體骨骼的四種顏色，也是觀身不淨的禪定中觀想的對象和出現的幻象。後來一般作青黃赤白。

❻「視」，《資》、《磧》、《普》、《南》、《徑》作「觀」。

譯文

要想斷除世間事，應當修行四意止；要想除卻四意止，應當修行四意斷。有人墮於強烈的貪欲，由於這種貪欲，所以修行四神足飛行。但有信等五根，而沒有信等五力，不能制意。但有信等五力，而沒有信等五根，不能產生、獲得四神足。如果再能轉爲信等五力，就能控制上述四意止、四意斷、四神足等所謂十二品。

所謂四意斷，指不作現在罪，但是完結過去罪，此爲四意斷。完結過去罪不再順受新罪，乃是四意止。舊罪完畢，新罪止犯，乃是四意斷。舊罪結束，新罪斷除，乃是四神足。

知足即不再守意，其意爲畢（完畢）；生名爲新，老爲故（舊），死爲身體壞敗，就是終盡。

所謂四意斷，意思是說，經常念想道，善的念想生起，便是惡的念想斷除，所以是斷惡道。善的念想停止下來，惡的念想便即生起，所以是不斷（惡道）。

所謂四意斷，指意自身不欲趨向於惡，此爲斷，也叫作不念罪斷。

原典

欲斷世間事，當行四意止；欲除四意止，當行四意斷。

人墮貪❶，貪故，行四神足飛。

但有五根，無有五力，不能制。但有五力，無有五根，不生得四神足。尚轉五力，能制上次十二品。

四意斷不作現在罪，但畢故罪，是爲四意斷也。畢故不受新，爲四意止。故畢新止爲❷四意斷。故竟新❸斷爲四神足。

知足不復求守意，意爲畢，生爲新，老爲故，死爲身體壞敗，爲盡也。

四意斷，謂常念道，善念生❹便惡念斷故，爲斷惡❺道。善念止便惡念生，故爲不斷也。

四意斷者，意自不欲向惡，是爲斷，亦謂不念罪斷❻也。

注釋

❶**墮貪**：「墮」，《磧》、《普》、《南》、《徑》、《清》作「除」。按：此「貪」應是「欲」的別譯，指追求神足的強烈願望，所謂欲增上故得三摩地，一般歸爲四神足中的第一神足。

❷「止爲」，諸本作「止爲止爲」。

❸「竟新」，《資》、《磧》作「意新」，《普》、《南》、《徑》、《清》作「意斷」。「竟」與「畢」同義，「故竟新斷」與上文「故畢新止」的含義相同。

❹「生」，諸本無。

❺「惡」，底本作「息」，諸本作「惡」，據改。諸本在「爲斷惡道」下爲「念善念止便惡念念生」，不從。

❻「斷」，諸本作「爲斷」。

譯文

所謂四神足，一爲身神足，二爲口神足，三爲意神足，四爲道神足。念想飛行，念想不欲滅卻，不隨順於道。

所謂四伊提鉢，四是數，伊提譯爲止，鉢譯爲神足。想飛便飛，有時精進坐禪，七日便能獲得，或者七月，或者七歲。

獲得神足，可以長久住在世間。不死有藥：一是意專一而不轉移，二是堅信，三是念想，四是有專一的心理，五是有黠慧，此爲神足藥。

獲得四神足，而不長久住在世間，有三個原因：一是自厭其身，以身是臭惡的緣故，所以從世間離去；二是無有人能從其聽受佛經之道，所以從世間離去；三是擔心一些怨惡的人誹謗得罪，所以從世間離去。

神足有九類，所謂乘車馬，步疾走，也屬於神足；外戒堅定也是神足，信仰至誠也是神足，忍辱也是神足。

修行神足，應當有飛的意念。問：什麼是飛的意念？答：有四種因緣：一是信，二是精進，三是定，四是不轉意。

什麼是信？堅信飛行。什麼是精進？飛行。什麼是定？飛行。什麼是不轉意？專注於飛行而不轉變意念。

身並沒有行道的欲望，意想行道便能行道。神足也是如此，意想飛行，即能飛行。

原典

四神足，一者身神足，二者口神足，三者意神足，四者道神足。念飛，念不欲滅，不隨道也。

四伊提鉢，四爲數，伊提爲止，鉢爲神足。欲飛便飛，有時精進坐七日便得，或七月❶，或七歲也。

得神❷足可久在世間，不死有藥：一者意不轉，二者信，三者念，四者有諦❸，五者有黠，是爲神足藥也。

得四神足，不久在世間，有三個因緣：一者自厭其身臭❹惡故去，二者無有人能從受經道故去，三者恐惡惡❺人誹謗得罪，故去也。

神足九輩，謂乘車馬、步疾走，亦爲神足；外戒堅亦爲神足，至誠亦爲神足，忍辱亦爲神足也。

行神足，當飛意。問：何爲飛意？報：有四因緣：一者信，二者精進，三者定，四者不轉意。

何等爲信？信飛行。何等爲精進？飛行。何等❻定？❼何等爲不轉意？謂著飛行不轉意也。

身不欲行道，意欲❽便行，神足如是，意欲飛即能飛也。

注釋

❶「七月」，底本爲「七日」，諸本作「七月」，據改。

❷「神」，諸本作「四神」。

❸**有諦**：此諦，爲審視義，有留意專心的意思，指注意力集中。劉勰《新論專學篇》：「心不在學而強諷誦，雖入於耳而不諦於心。」

❹臬，俗臭字。

❺「恐惡」，諸本無「懃」。按，「懃」疑爲「怨」和「惌」的異體字，即「怨」。

❻「何等」，諸本作「何等爲」。

❼「何等定？」，其後《大正》有「飛行」二字。

❽「意欲」，其後《大正》有「行」字。

譯文

信等五根，譬如植物種子，堅實才能生根，不堅則沒有根。

信譬如雨水，不轉意則是力。所見萬物爲根，控制意念爲力。

信根中有五陰中的三陰：一是痛癢（感受陰），二是思想（想陰），三是識陰。

定根中有五陰中的一陰，所謂識陰是。

所謂五根、五力、七覺意，其中有五陰中一陰的，其中有二陰的，其中有三陰的，其中有四陰的，都有陰的存在。

問：此（五根、五力、七覺意）乃是道行，爲什麼會有「陰」的存在？

答：因為唯有泥洹（涅槃）完全無陰，其餘一切都有陰。七覺意中上三覺屬於口，中三覺屬於身，下一覺屬於意。什麼是覺？念念為覺，念念為得，覺得此意，（念念不離此意）便隨順於道。外七覺意，是墮於生死流轉，內七覺意是隨順於道。所謂內七覺意，即三十七品經；所謂外七覺意，即萬物。所謂覺，指識別事物便隨而覺悟的意，有覺悟的意，便隨順於道。覺有（生死）的覺意，墮於罪，覺三十七品經便是正意，此乃隨順於道。覺有善惡的覺意是為墮於罪。

問：什麼是從諦身意持？

答：所謂身持七戒，意持三戒，乃是身、意持。所謂從諦意得休息，就是從四諦的意令因緣休。所謂休，指止息（休歇），因為從思惟得道，所以是受思。由貪樂道法而常行道，是愛覺意；持道而不失，是力覺意。已經獲得十息，身得安隱，是息覺意；自知已得安定，是定覺意。身與意堅持覺意而不走失，是持。

所謂從諦得自在，意在所行，意思是說，獲得四諦；也可以念想四意止，也可以行四意斷，也可以念四神足，也可以修五根以及五力、七覺意、八行。此即稱自在意所行。所謂從諦觀，指觀察三十七品經的綱要，即此爲守意。所謂覺，就是覺知四諦，不再受罪。

原典

五根譬如種物，堅乃生根，不堅無有根。信爲水雨，不轉意爲力。所見萬物爲根，制意爲力也。信根中有三陰，一爲痛癢，二爲思想，三爲識陰。定根中有一陰，謂識陰也。五根、五力、七覺意，中有一陰者，中有二陰者，中有三陰者，有❶四陰者，皆有陰。

問：是道行何緣有陰？報：以泥洹無陰，餘皆有陰也。

七覺意上三覺屬口，中三覺屬身，下一覺屬意。何等爲覺？念念爲覺，念念爲得，覺得是意，便隨道也。

外七覺意爲墮生死，內七覺意爲隨道。內七覺意者，謂三十七品經；外七覺意者，謂萬物也。

覺者，爲識事便隨覺意也。有覺意便隨道。覺有覺意，墮罪，覺三十七品經便正意，是爲隨道。覺善惡是爲墮罪也。

問：何等爲從諦身、意持？

報：謂身持七戒，意持三戒❷，是爲身、意持也。

從諦意得休息，從四諦意因緣休。休者爲止息，爲思得道，爲受思❸也。貪樂道法，常行道爲愛覺意；持道不失爲力覺意；已得十息，身安隱爲息覺意；自知已安爲定覺意。身意持❹意不走，爲持。

從諦自在，意在所❺行，謂得四諦。亦可念四意止，亦可四意斷，亦可四神足，亦可五根、五力、七覺意、八行。是爲自在意在所行。從諦觀者，爲觀❻三十七品經要，是爲守意。覺者，謂覺諦❼，不復受罪也。

注釋

❶「有」，諸本作「中有」。

❷**身持七戒，意持三戒**：即不行十惡而行十善。其中不貪、不瞋、不癡，爲意持三戒；不殺、不盜、不婬、不兩舌、不妄語、不惡口、不綺語，爲身持七戒。

❸「受思」，《資》作「受恩」。

❹「意持」，諸本作「持意」。

❺「在所」，諸本作「在意在所」。

❻「爲觀」，底本無「觀」，諸本均有，據改。

❼「覺諦」，底本無「覺」，諸本均有，據改。

譯文

八行有內有外。身行爲殺、盜、婬；聲行爲兩舌、惡口、妄言、綺語；意行爲嫉妒、瞋恚、愚癡。以上三種法總爲十事，在外。人、天、畜生、地獄、餓鬼等五道，在內。

從四諦堅守四諦，從爲神足而守，此乃爲護，指護法不犯罪行。

以四諦爲道，認知非（無）常、苦、空、非身、不淨，此爲直見。非（無）常而人們執以爲常，以及思苦爲樂，空執以爲有，非身認作有身，不淨執以爲淨，此爲不直見。

什麼是直見？相信一切本於因緣，知道從宿命而有，此名爲直見。

什麼是直治？分別思惟，能成就善意，此爲直治。

什麼是直語？遵守善言，不犯法，如此相應受納言語，此名爲直語。

什麼是直業？身應隨法而行，不犯法而行，此名爲直業。

什麼是直業治？追隨得道者的教戒而行，此名爲直業治。

什麼是直精進行？修行無爲，晝夜不中止，也不捨棄方便，此名爲直精進方便。

什麼是直念？經常趨向經戒，此名爲直念。

什麼是直定？意不惑亂，也不捨棄修行，此名爲直定。

如此修行，令賢者具備八種業行，業行既經具足，便是行道。

以上八直，有對治的，有實行的。實行八直，乃獲得出離世間的要領。身不犯戒，乃是直治。慧、信、忍辱，是爲行。身與意持戒持法，名爲直治，意思是說，無所念想爲直，有所念想爲不直。

原典

八行有內外，身爲殺、盜、婬；聲爲兩舌、惡口、妄言、綺語；意爲嫉妬、瞋恚❶、癡。是上頭三法爲十事在外，五道❷在內也。

從諦守諦，從爲神守，爲護，謂護法❸不犯罪。

諦爲道，知非常、苦、空、非身、不淨爲直見。非常人計爲常，思苦爲樂，空計爲有，非身用作身，不淨計爲淨，是爲不直見也。

何等爲直見？信本因緣，知從宿命有，是名直見。

何等爲直治？分別思惟，能到❹善意，是❺爲直治。

何等爲直語？守善言，不犯法，如應受言，是名爲直語也。

何等爲直業？身應行，不犯行，是名爲直業也。

何等爲直業治❻？隨得道者教戒行，是名爲直業治❼也。

何等爲直精進行？行無爲，晝夜不中止，不捨方便，是名爲直精進方便也。

何等爲直念？常向經戒，是名爲直念。

何等爲直定？意不惑亦不捨行，是名爲直定。

如是行，令賢者八業行❽具，已行具足，便行道也。

八直有治、有行。行八直乃得出要。身不犯戒，是爲直治。慧、信、忍辱是爲行。身意持是名直治，謂無所念爲直，有所念爲不直也。

注釋

❶「瞋恚」，底本無，諸本均有，據改。

❷「五道」，諸本作「五直」。此處之「五道」，與十惡相對而稱之爲內，當是三界五道的五道，即由外行十不善，則內不得出離世間的意思。

❸「護法」，底本無「護」，諸本均有，據改。

❹「到」，諸本作「致」。

❺「是」，諸本作「是名」。

❻❼「直業治」，底本作「直治」，諸本作「直業治」，據改。

❽**八業行**：後稱八直，即直見、直治、直語、直業、直業治、直精進、直念、直定，也就是八正道。但不論名稱與釋義，都與上文所說不全相同。

譯文

佛說十二部經都反映在三十七品經中，譬如萬川四流，皆歸大海。三十七品經爲外，自心思惟爲內。由於思惟才能產生「道」心，所以爲內。修道的人行道，思惟分別三十七品經，就是拜佛。

三十七品經能墮於世間，也能悟入道中。誦經口說，是爲世間；意識念想，乃是相應於道。

持戒在於控制身，行禪在於控制意。所行隨從其願，其願也隨從所行。行道所嚮往的意念，不能離失，意念至於佛，意即不再退還。

也有循序按次第修行得道，也有不循序次第修行得道。就是說，修行四意止、四意斷、四神足、五根、五力、七覺意、八行，此是按次第；由於畏懼世間，厭惡生身，便一念之間從此得道，此是不按次第。修道的人能獲得三十七品所行的意止，可以不順從數息、相隨、止。

屬於身、口的有七事，屬於心、意、識的各有十事，所以總爲三十七品。四意止、四意斷、四神足屬於外；五根、五力屬於內；七覺意、八行由此得道。

原典

十二部經❶都皆墮三十七品經中，譬如萬川四流，皆歸大海。

三十七品經爲外，思惟爲內。思惟生道，故爲內。道人行道，分別三十七品經，是爲拜佛也。

三十七品經亦墮世間，亦應道。諷經口說，是爲世間；意念是爲應道。

持戒爲制身，禪爲制意❷。行道所向意不離，意至佛，意不還也。

亦有從次第行得道，亦有不從次第行❸得道。謂行四意止、斷、神足、五根、五力、七覺意、八行，是爲從次第；畏世間、惡身，便一念從是得道，是爲不從次第。

道人❹能得三十七品行意，可不順從數息、相隨、止也。

身、口七事，心、意、識各有十事，故爲三十七品。四意止、斷、神足屬外；五根、五力屬內；七覺意、八行得道也。

注釋

❶**十二部經**：亦稱十二分教，指佛教經典的構成形式，所謂契經、應頌、記別、諷頌、自說、因緣、譬喻、本事、本生、方廣、未曾有法、論議。或者說，是佛陀說法的十二種經典形式。一般用以代表全部佛典。

❷「制意」，底本作「散意」，疑爲「制意」之誤。

❸「次第行」，底本爲「次行」，諸本作「次第行」，據改。

❹「人」，諸本作「入」。

譯文

泥洹有四十類，即三十七品經及三向。此四十事都是爲了泥洹。

問：數息是泥洹不？

答：數息、相隨，念繫鼻頭，制止意想，都有所執著，不是泥洹。

泥洹爲「有」不？

答：泥洹爲「無有」。唯是苦的滅盡，另有一名叫意盡。

問：有置難於「泥洹爲滅」的說法。

答：止但指滅除善惡的（分別）。

所謂「知行」，有時可行四意止，有時可行四意斷，有時可行四神足，有時可行五根、五力、七覺意、八行。

所謂諦，就是了知定與亂。定是知行，亂是不知行。

問：爲什麼恰巧有五根、五力、七覺意、八行？

答：因爲人有眼等五根，道有信等五根；人有眼等五種感知能力，道便有信等五種能力；人有七情驅使，道有七覺意；修行有直見等八直，即相應於道的八種。隨病說藥，因緣相應。

眼受色，耳聞聲，鼻向香，口欲味，身貪細滑，此是五根。爲什麼名之爲根？因爲已經受納完了，還要繼續發生，所以名根。

不受納色、聲、香、味、細滑，此即是力；不爲七情驅使，此即是覺意；已行八直，即是相應於道的修行。

五根是堅定的意，五力是不可轉移的意，七覺是正確的意，八行是正直的意。

問：什麼是善意？什麼是道意？

答：四意止、四意斷、四神足、五根、五力，乃是善意。七覺意、八行，乃是道意。有道善，有世間善。從四意止到五根、五力，乃是道善；不邪婬，不兩舌、惡口、妄言、綺語，以至不貪、瞋、癡，乃是世間善。

所謂諦見，知道萬物皆當滅亡，此爲諦；見到萬物壞敗，身當死滅，由此不再憂慮，此爲諦觀。

意念橫流，意念走失，立即追究應對，得以控制，此爲除罪。諸種罪過來時不受納，是爲禪。

一心之中，內意有十二事；眼、耳、鼻、舌、身、意等六種智慧，七爲數息，八爲相隨，九爲止，十爲觀，十一爲還，十二爲淨。此爲內十二事。外也有十二事：一爲眼，二爲色，三爲耳，四爲聲，五爲鼻，六爲香，七爲口，八爲味，九爲身，十爲細滑，十一爲意，十二爲愛欲。此爲外十二事。

所謂術闍，是智。總有三種智：一、了知無數世父母、兄弟、妻子；二、了知無數世白黑、短長，了知他人心中所念；三、煩惱諸毒斷盡。此爲三智。

所謂沙羅惰怠，爲六通智：一爲神足，二爲能聽到一切，三爲知道他人的心意，四爲知道本從何所來生，五爲知道死後往生何處，六爲知道諸煩惱索、漏滅盡。此爲六通智。

原典

泥洹有四十輩❶，謂三十七品經並三向❷。凡四十事，皆爲泥洹。

問：數息爲泥洹非？

報：數息、相隨、鼻頭止意，有所著，不爲泥洹。

泥洹爲有不？

報：泥洹爲無有，但爲苦滅，一名意盡。

難：泥洹爲滅。
報：但善惡滅耳❸。
知行者，有時可行四意止，有時可行四意斷，有時可行四神足，有時可行五根、五力、七覺意、八行。
諦者，爲知定、亂。定爲知行，亂爲不知行也。
問：何以故正有五根、五力、七覺意、八行？
報：人有五根，道有五根；人有五力❹，道有五力；人有七使❺，道有七覺意；行有八直❻，應道八種。隨病說藥，因緣相應。
眼受色，耳聞聲，鼻向香，口欲味，身貪細滑，是爲五根。何以故名爲根？已受，當復生故，名爲根。
不受色、聲、香、味、細滑，是爲力；不墮七使，爲覺意；已八直，爲應道行。
五根堅意，五力爲不轉意，七覺爲正意，八行爲直意也。
問：何等爲善意？何等爲道意？
報：謂四意止斷、神足、五根、五力，是爲善意，七覺意、八行，是爲道意。有道善，有世間善。從四意止至五根、五力，是爲道善；不婬、兩舌、惡口、妄言、綺語、貪、瞋、癡，是爲世間善。

諦見者，知萬物皆當滅，是爲諦；見萬物壞敗，身當死；以不用爲憂，是爲諦觀。

意橫、意走，便責對，得制，是爲除罪❼。諸來惡不受爲禪。

一心內意十二事：智慧❽七爲數，八爲相隨，九爲止，十爲觀，十一爲還，十二爲淨，是爲內十二事。外復十二事，一爲目，二爲色，三爲耳，四爲聲，五爲鼻，六爲香，七爲口，八爲味，九爲身，十爲細滑，十一爲意，十二爲愛欲，是爲外十二事也。

術闍❾者爲智，凡有三智❿：一者，知無數世父母、兄弟、妻子；二者，知無數世白黑、長短，知他人心中所念；三者，毒以斷。是爲三也。

所謂沙羅惰怠者⓫，爲六通智⓬：一爲神足，二爲徹聽，三爲知他人意，四爲知本所從來，五爲知往生何所，六爲知索漏⓭盡，是爲六也。

注釋

❶「輩」，諸本作「事」。

❷**三向**：《磧》、《普》、《南》、《徑》、《清》作「三空」。三向，指阿羅漢前的三種向道，即預流向、一來向、不還向。若作「三空」，當指三解脱門，所謂空、無相、無願。

❸「難：泥洹爲滅。報：但善惡滅耳」，《頻伽》作「難泥洹爲且滅，惡善但報滅」不通。

❹**人有五力**：指眼、耳、鼻、舌、身等具有識別和感受的能力。

❺**人有七使**：使謂驅使、支使，是煩惱的異名。此處指中國傳統上所説的七情。

❻**行有八直**：即上述直見、直治、直語等八直行。

❼「除罪」，《資》作「陰罪」。

❽「智慧」，疑爲「六慧」之誤。

❾**術闍**：疑是梵文Jñāna的古代音譯，意譯智。

❿**三智**：即三達、三明：㈠宿命智；㈡生死智（天眼智）；㈢漏盡智。

⓫**沙羅惰怠者**：沙羅，疑為沙彌（梵文Sramaner的古譯）。泛指初學佛教的人。沙羅情怠者，即沙彌惰怠者，指樂於神通而不繼續深修佛道智慧的學者。謝敷的〈安般守意經序〉有對這種學徒的專門批評，謂其將「輪迴五趣，億劫難拔」。

⓬**六通智**：即六通，六種神通。

⓭**索漏**：諸本作「素漏」。索即纏、縛義，與漏義同，皆指煩惱。

源流

苻秦建元二十一年（公元三八五年），《增一阿含經》譯出，其〈十念品〉記佛告比丘：「當修行一法，當廣布一法，便成神通，去衆亂想，逮沙門果，自致涅槃。」共當修十法，亦稱十念，即包括念安般在內。姚秦弘始年間（公元四〇二——四〇五年），《大智度論》譯出，詳釋《摩訶般若波羅蜜經》提出的八念，其中亦有念入出息，即念安般。這就是說，大小乘所奉的經典中，都把安般禪列在重要的修行項目中。然而其能夠早在東漢之末就傳入中國，並得到獨立的流行，自應歸功於《安般守意經》的譯介。

安世高生前的傳教活動和傳承關係，現已不可詳考。據《高僧傳．安淸傳》傳，安世高曾封函懸記：「尊吾道者，居士陳慧；傳禪經者，比丘僧會。」這是說，陳慧和康僧會是安世高禪數學——主要是安般禪的嫡傳。這個傳說的根據，無疑是出自康僧會在〈安般守意經序〉中的自述家門。然而，從既有的其他史料看，最早弘揚《安般守意經》的當是嚴佛調。他是臨淮人，僧祐稱其爲「沙門嚴佛調」，或「嚴阿祇梨浮調」，是可考的中國第一個知名的出家者，也是第一個被尊爲阿闍梨的中國人❶。曾與另一安息人安玄，在洛陽合譯《法鏡經》，撰有《沙彌十慧章句》。別有《佛說菩薩內習六波羅蜜經》，《祐錄》記原作失譯，《長房錄》定爲嚴佛調譯。

《十慧章句》已佚，嚴浮調所作的序言尚保存在《出三藏記集》卷十中。序言說：「有菩薩者，出自安息，字世高……調以不敏，得充賢次。」據此，嚴佛調曾爲安世高弟子當無疑問。《章句》之作，在於敷宣安世高之所未深說部分：「夫十者，數之終；慧者，道之本也。物非數不定，行非道不度。其文郁郁，其用亹亹，廣彌三界，近觀諸身。」這種由「數」得「慧」，據「慧」以「觀」的修行方式，正是《安般守意經》的特點，因此，此《章句》所詮十慧，就是《安般經》中所說的十點，即數息等六事和苦等四諦。通過禪觀六事而證四諦，完全符合安世高的理論體系。謝敷所謂「伸道品以養恬，建十慧以入微」，其旨意大同。

《內習六波羅蜜經》以安般之六事配以菩薩內修的六度，反映了中國佛教由二乘向菩薩乘的轉變，是嚴佛調闡揚安般禪的一大特色。其一數息，配以檀波羅蜜，以爲數息者，神得上天，由於布施，身中神會自致二乘果以至作佛。其二相隨，配以尸波羅蜜，以爲意與心相隨俱出入，即會不邪念，不犯道禁，由之得度。三是止，與羼提波羅蜜相配，謂自制其意，能忍而不受貪欲瞋怒，是爲忍辱得度。四是觀，與惟逮波羅蜜相配，所謂內觀身體，外觀萬物，皆當敗壞，由是向道而不懈怠，是爲精進得度。五是還，與禪波羅蜜相配，所謂斷六入，還五陰，即還身（還五陰）守淨，斷求（斷六入）念空，是爲守一得度。六是淨，與般若波羅蜜相配，所謂知人萬物皆當消滅，斷生死、愛欲、求等不淨意，由此心淨潔，智慧成就，即名從黠慧得度。

當然，從總體看，《內習六波羅蜜經》所解釋的菩薩六度，實是依附於安般六事，用六事爲六度提供一種內心修養的保障。因此，並沒有超出以生死無常爲基本觀念和禁制內外六入爲主要修持的範圍。其後所說，行布施，爲除惡貪；持戒，爲除婬怒；忍辱，爲除瞋恚；精進，爲除懈怠；一心，爲除亂意；智慧，爲除愚癡。又說，施爲制身，戒爲制眼，忍爲制耳，精進爲制鼻，禪爲制口，般若爲制意。諸如此類，更加貼近《安般守意經》的內容。然而此經強調：「爲道者，當發平等廣度一切，施立一切法橋，當令一切得入法門」，這可以說是唯一與菩薩行相應的主張。

到了三國、兩晉，《安般守意經》得到了進一步的弘揚，其開創者，首推康僧會。《出三藏記集》和《高僧傳》都有他的傳記。他是康居的後裔，主要活動在三國吳的都城建業，所譯《六度集經》，力求將大乘救世的思想與儒家的仁政學說協調起來，爲中國佛教開闢了積極入世的一途。據其〈安般守意經序〉，他曾師事南陽韓林、穎川皮業、會稽陳慧，則此三賢是在嚴佛調之後頗有影響的《安般》傳播者。康僧會又遠仰安玄、嚴佛調之學，爲《法鏡經》注義作序。一方面提倡「專心滌垢，神與道俱」；一方面主張「懷道宣德，闓導聾瞽」。因此，他很明確地將「安般守意」納入了大乘的軌道：「夫安般者，諸佛之大乘，以濟衆生之漂流也。」又說安世高本人懷「二儀之弘仁，愍黎庶之頑闇，先挑其耳，卻啓其目，欲之視聽明也。徐乃陳演正眞之六度，譯『安般』之秘奧。」❷意思是說，安般守意在令學者去穢濁之操，就清白之德，以行大乘六度，普濟衆生。

康僧會的這一說法，與嚴佛調的出發點大體相同，都是將安般與六度融合起來，但歸宿不同。嚴佛調是運用安般將六度內在化，以強化自我的完善；而康僧會在通過六度，將安般外在化，當作治療病態社會、病態心理的一付良方。他在東吳傳教，力圖用佛教觀念以勸阻孫皓的暴虐，就是一個明證。

康僧會以後，《安般守意經》的傳播向兩個方向發展，其一是以支愍度、謝敷爲代表，將禪法變成了般若學的附庸，安般禪的地位隨之大貶；另一個以道安、支遁爲代表，把禪法當成了玄學的實踐，將玄學的問題轉化成了佛學的問題。最後，到了廬山慧遠，禪與數都趨向專門化，其禪論變成了禪宗的前奏，其數論則導向毘曇學的興盛。

支愍度屬晉渡江後成名的僧人，東晉期間，上升玄學的講壇，與名士爲伍，是般若學六家七宗中「心無義」的創始者。《出三藏記集》中保存有他的〈合維摩詰經序〉和〈合首楞嚴經記〉，表明他以宣揚大乘「般若」爲理論中心，同時崇尚大乘禪法「勇伏定」。但據《房錄・安世高錄》記，他也曾爲《修行道地經》作序，而此經不論是哪個譯本，在內容上都可以看作《安般守意經》的姊妹篇。道安既作〈安般注序〉，也撰〈道地經序〉，以爲，《安般經》所解說的「安般寄息以成守，四禪寓骸以成定」，在《修行（道地）經》中，同樣是「以斯二法而成寂」，所以是把安般禪與四靜慮等量齊觀的。

據《祐錄》卷二《合首楞嚴經》條下注謂：「合支讖、支謙、竺法護、竺法蘭所出《首楞嚴》四本，合爲一部。」又注：「沙門支愍度所集。」又注：「既闕注目，未詳信否。」然而《祐錄》卷七〈合首楞嚴經記〉於作者支愍度下注：「三經謝敷合注，共四卷。」二經指支婁迦讖、支越和支亮的三個不同譯本。這樣，或者《合首楞嚴經》本身就有兩種，而支愍度爲之作〈經記〉的，則是謝敷所合，並加以注解的。不論怎樣，支愍度特別爲謝敷的作品作記，表明二人在佛學上有相當密切的聯繫。

謝敷是東晉時人，當是支愍度的後輩。《晉書》中說他本籍會稽，入太平山十餘年，郗愔曾召爲主簿，不就，所以把他歸爲隱逸一流人物。郗愔是天師道的信徒，謝敷則尊奉佛教理趣。從謝敷的〈安般守意經序〉看，他上承安世高的禪數學系，而最後把它浸沒在大乘般若學中。他首先批評那種「無慧樂定」的趨向，認爲「閉色聲於視聽，遏塵想以禪寂，乘靜泊之禎祥，納色天之嘉祚」，把禪定當作追求神異和色天果報的手段，必然輪迴五趣，億劫難拔。然後分析乘慧入禪者有三類人：一是無著乘（指聲聞乘），畏苦滅色，樂宿泥洹，志存自濟，不務兼利；二是緣覺，仰希妙相，仍有遺無，不建大悲，練盡緣縛；三是菩薩，深達有本，暢因緣無——達本者，有有自空，暢無者，因緣常寂。自空故，不出有以入無；常寂故，不盡緣以歸空。對菩薩的這種詮釋，正是當時般若學的哲學觀念。謝敷按這種觀念評價禪法說：「苟厝心領要，觸有悟理者，則不假外以靜內，不因禪而成慧。」所以，悟理成了修道的最高原則，不僅可以由此成慧，而且可以由此靜內，實際上取消了禪的功能。

當然，謝敷並沒有全盤否定禪定的功能：「若欲塵翳心，慧不常立者，乃假以安般，息其馳想，猶農夫之淨地，明鏡之瑩劾矣。」他對於安般禪的肯定，也只達到這個程度，即淨心息想，「開士（菩薩）行禪，非為守寂，在遊心於玄冥矣。」❸行禪不是目的，而是淨心求慧的手段。

道安與支愍度大體同時，早年在河北專修安世高系的禪數學，是促使這個學系在東晉時期得以重新興盛的主要學僧；中年居襄陽，著重講習《般若經》，被認為是五家七宗中本無宗的領袖；晚年歸長安，大力組織譯介《阿毗曇》，創毘曇學之先聲。觀其一生，奔波流離，幾乎全是在戰爭氛圍中渡過。他在化解南北對抗，增進各族人民的聯繫上，起過積極的作用。從他的〈安般注序〉看，分安般為六階（即六事）；分禪那為四級（即四禪），認為二者具有同一的功能：「階，差者，損之又損之，以至於無為；級，別者，忘之又忘之，以至於無欲也。」因此，禪完成了達到無為、無欲的途徑。而無為、無欲本是道家提倡的精神境界。「損」來自《老子》，「忘」來自《莊子》，在道安這裏全變成了禪定的過程。所以從形式上看，道安把以安般禪為中心的禪數學，朝著《老》、《莊》的方向靠攏得更加緊密。

但道安並沒有停留在無爲、無欲的水平上，而是將其作爲開物成務的前提，所以說：「無爲故無形而不因，無欲故無事而不適。無形而不因，故能開物；無事而不適，故能成務。」這種觀點，使他從《老》、《莊》那裏直接加入了玄學的論議範圍。因爲開物成務本是貴無派玄學家的理想，所謂：「無也者，開物成務，無往不存者也。陰陽恃以化生，萬物恃以成形，賢者恃以成德，不肖恃以免身。」❹然而，爲什麼「無」有這麼巨大的作用？又怎樣才能實現化生、成形、成德、免身之類的實際效果？玄學家只有抽象的論斷，或作爲處世行事的一般原則，並無切實可行的道路，難於操作，不能令人有切身的經驗，道安則給予了佛教的解決方案：「無」就是經過禪定達到的「寂」，「得斯寂者，舉足而大千震，揮手而日月捫，疾吹而鐵圍飛，微噓而須彌舞」，據此他說：「夫執寂以御有，崇本以動末，有何難哉！」❺

道安的這個解決方案，在《安般守意經》中就是四神足。在那個歷史時代的僧俗中間，持類似想像的人不少，其中就有知名度最高，玄學化程度最深的支遁。

支遁字道林，生年與道安相近，而早於道安約二十年逝世，是般若學六家七宗中即色宗的首倡者。所釋《莊子・逍遙遊》，以佛解《莊》，被稱爲「支理」，標誌著向秀、郭象以來莊學的一大轉變。其理略謂：「至人乘天正而高興，遊無窮於放浪，物物而不物於物，則遙然不我得；玄感不爲，不疾而速，則逍然靡不適。」❻這段話歷來被視爲玄言，可以詮釋的空間極廣，但其實際所指，與道安設想的神通境界是同一類型，而且出於同一的安般禪。據其所作《釋迦文佛像讚》敍釋迦文成道因緣，曰：「釐安般之氣緒，運十算以質心（按：即數息）；併四籌之八記，從二隨而簡巡（按：即相隨）；絕送迎之兩際，緣妙一於鼻端（按：即止）；發三止之矇秀，洞四觀而合泯（按：即觀）；五陰遷於還府，六情虛於靜林（按：即還）；涼五內之欲火，廓太素之浩心（按：即淨）。」以支遁對於安般禪的理解如此，則其嚮往的神足，也就是自然的事了。據《高僧傳》卷四本傳，說他曾注《安般》、《四禪》諸經，均佚。

同類的思想，也表現在廬山慧遠的言論中，而且說得更加明白：「形開莫善於諸根，致用莫過於神通。故曰：菩薩無神通，猶鳥之無翼，不能高翔遠遊，無由化衆生，神通既廣，則隨感而應……法身獨運，不疾而速。」❼

道安等之所以相信「神足」，除了信仰上和禪經驗上的因素以外，最重要的原因是對當時現實生活的痛苦和不滿，字裏行間總是充塞著一種無可奈何的出世情緒。這種出世的情緒，使所謂無爲、無欲、開物成務等本屬於社會生活的行爲準則，變成了禪定的修持及其構造的理想，而作爲《老》、《莊》和玄學的哲學概念，則被賦予了純粹佛教的內涵。對道家玄學所作的此類變更，在促進中國佛教的獨立化發展方面，是非常重要的。此後陸續出現了一股用佛理釋《老》、《莊》的風氣，道安、支遁是先行者、示範者。

慧遠是道安的著名弟子。他曾在〈廬山出修行方便禪經統序〉中感慨說：「大教東流，禪數尤寡，三業無統，斯道殆廢。」可見他是很有志於重振禪數學的。從現存的記載看，他沒有專門關於《安般守意經》的論著。對於此經本身的闡釋，到道安、謝敷即告結束。但在慧遠的整個理論體系中，卻時時能夠見到此經的思想痕跡。其中比較明顯的有兩個方面：

第一，繼承和推進道安開創的毘曇學，將《安般守意經》中表述的三十七品經和四諦、五陰、十二因緣等基礎教理系統化、清晰化；同時爲安世高譯籍中已經存在的有神論，給以三世實有的哲學論證，從而創建了他的有名的神不滅論。此論對外在於反駁當時儒家用以排佛的神滅論；對內在於抵禦由鳩摩羅什譯介的中觀派學說對於有神論的嚴厲批評。他的〈沙門不敬王者論〉和在《大乘大義章》中反映的思想，對於釐淸中國佛教同傳統的儒道觀念以及同外來佛教的虛無主義傾向的區別，從而建設獨具中國特色的佛教理論體系，有非常重大的意義。

第二，推動禪的獨立化運動，將《安般守意經》中蘊含而不顯著的五門禪法突出出來，擴大了禪的視野，同時強化了師承關係在禪中的作用，爲聚徒行禪提供了根據。唐代禪宗五祖弘忍門下十大弟子中的法如，首先提出禪宗本無文字、唯意相傳，以及教外別有宗（教外別傳）等說法，就是從慧遠的《禪經統序》中演化出來的。《高僧傳・慧遠傳》記其居廬山三十餘年，「影不出山，迹不入俗」；建東林寺，於寺內別置禪林，首開禪僧聚衆定居的範例，對中國禪宗的形成，意義是很大的。所以道宣在其《續高僧傳・禪論》中特加突出，謂「山棲結衆，則慧遠標宗」。

自晉宋之際到南北朝，佛教禪法有了空前的發展。其一是隨著佛典的大規模譯介，大大擴展了國人對禪的視野；第二是有一定組織的禪僧團的湧現，擴大並加速了禪法的實際運用。這些，對於安般禪的命運也是一大衝擊。例如，早在《增一阿含經》譯出之後，道安就已經知道，安般在佛教諸種禪法中，只居十念之一；而在五善根中，隸屬於念根的功能。但這並沒有動搖道安獨弘安般禪的意志。其後，鳩摩羅什在長安譯出《禪經》，介紹五門禪法，所謂息門六事的安般禪，也只占一席之地。但據僧叡所作〈關中出禪經序〉記，此經乃爲諸論師說。諸論師中有僧伽羅叉（衆護）一家，羅什所譯即主要依僧伽羅叉的著作編纂而成。這個僧伽羅叉，一般認爲就是安世高譯介的《道地經》的作者。簡言之，關中所傳新的禪經，其實是安世高禪數學的延續。此後不久，慧遠在廬山主持佛馱跋陀羅（覺賢）翻譯《修行方便禪經》（即《達磨多羅禪經》），介紹的也是五門禪法，但突出了達磨多羅與佛大先的傳承，從而使五門禪的地位大增。

按：禪分五門，或許在安世高時代就已經存在，《長房錄》記安世高譯有《五門禪要用法經》，當時已佚，內容不詳。到了劉宋，繼續有《五門禪經要用法》的譯介。但不論是北方僧叡還是南方慧遠，都一致把五門禪看作是禪法的五個流派；慧遠、慧觀等並稱其爲「五部之學」。然而對於禪的分派，同對於律的分派一樣，中國僧人都不甚贊同，所以都力圖加以協調，慧遠則使其統一於達磨多羅的禪法。他在其《禪經統序》中說：「達磨多羅闔衆篇於同道」，就是這個意思。

佛馱跋陀羅所介紹的這個達磨多羅禪師，原籍罽賓，他的弟子佛大先，即佛陀斯那，曾到過于闐著名的衢摩帝大寺傳禪。東晉末年的涼州智嚴，北涼貴族、後至南朝的沮渠京聲，都曾向他學過禪法。達磨多羅是後來被傳爲禪宗始祖的達磨禪師的原型之一不是偶然的。

佛馱跋陀羅傳播的達磨多羅禪法，在南北朝時期得到廣泛的流行。其在北方的傳人玄高和玄紹，曾西隱麥積山，「山學百餘人，稟其禪道」。後又移至河北林陽堂山聚徒三百。及至進入魏都平城，再次大流禪化，從而開創了禪法大普及和禪衆大流動的新篇章。據《梁高僧傳》，他們的禪法特點爲「出入盡於數、隨，往返窮乎還、淨」，所以，其核心依然是安般禪。

僧稠是北朝聲譽最高的禪師，師承佛陀（即跋陀）一系禪法，曾爲魏、齊二朝皇室供養三十餘年，「兩任綱統，練衆將千」，所受貴寵及徒衆之多，歷史上罕見。他的禪法與當時已經流行的達磨禪法，被唐道宣並尊爲「乘之二軌」。據《續高僧傳》

本傳記，僧稠曾受「十六特勝法，鑽仰積序」，並以弘揚四念住為中心。這可以說是他的禪法的兩大支柱。此十六特勝和四念住，雖亦為《成實論》等所說，但最早都是出自《安般守意經》。十六特勝被作為考察數息、得息的體驗，流通十分久遠；四念住為三十七道品的組成部分，也可以單獨修行。

據此種種，即使在安般禪被納入五門及其他禪法盛行之後，仍然沒有失去它的獨立價值，至少在隋代以前，還時時被當作禪的代詞使用，因而也成了禪宗史前期最主要的禪思潮。

隋唐以後，安般禪法又有了新的遭遇。首先是瑜伽行派經典的譯介，使整個五門禪的功能被逐步界定了範圍。隋初的地論師淨影慧遠撰《大乘義章》，將五門禪法稱之為五度門、五停心，就體現了這一趨向。他列舉的五門是：一不淨觀，二慈悲觀，三因緣觀，四界分別觀，五安那般那觀。它們之間的區別，在於對治的煩惱不同。安般觀的功能，就被限制在對治思覺多者，從而大大縮小了它的意義。但就其作為禪的一種而言，淨影稱之為六修定，依據《毘婆沙》的說法，作了精煉的介紹。在這裏，觀與定開始被分離開來，有了止家與觀家的分別。

其實，淨影所說的五停心，在《安般守意經》中均有所蘊含。此經一開始記佛「得自在慈念意」以及「念四等心」，就是慈悲觀；觀身惡露，是不淨觀；觀十二因緣爲因緣觀；觀內外六入，屬於界分別觀（十八界的觀念，在這裏尚不明確。其所以要把止與觀分離，將安般限在定的範圍，實際上是反映了南北朝以來佛教義學同禪家的進一步分化）。

淨影慧遠是北方的學者。在陳隋之際於南方活動的智顗則取相反的態度。他將止觀兼行的主張推向頂端，並且直接把止觀二法作爲組織天台宗全部修行的綱領。他把自己的代表著作冠以《摩訶止觀》的名稱，把普及性的著作名之爲《修行止觀坐禪法要》，亦稱《小止觀》或《童蒙止觀》。因爲在他看來，「泥洹之法，入乃多途，論其急要，不出止觀二法；此之二法，如車之雙輪，鳥之兩翼，若偏修習，即墮邪倒。」

智顗集中論禪的著作是《釋禪波羅蜜次第法門》十卷。其卷五引偈言：「佛說甘露門，名阿那波那，於諸法門中，第一安隱道。」阿那波那即安般禪，在這裏成爲甘露門的唯一代表，所以又名第一安隱道。卷七將《安般守意經》中的十六特勝抽出來，作爲專題進行發揮。又將安般禪名之曰六妙法門：「妙名涅槃，此之妙法能通至涅槃，故名妙門，亦名六妙門」。又說：「菩薩善入六妙門，即能具一切佛法，故六妙門即是摩訶衍（大乘）。」此外，他還專著有《六妙法門》一書，開頭就說：「六妙門者，蓋是內行之根本，三乘得道之要逕，故釋迦初詣道樹，跏趺坐草，內思安般，一數二隨三止四觀五還六淨，因此萬行開發，降魔成道。當知佛爲物軌，示跡若斯，三乘正士豈不同遊此路！」這樣，安般就成了天台宗指導三乘正士，開發萬行，通向成道之路的啓蒙門徑，所謂「安那般那，三世諸佛入道之初門」。

但智顗還特別指出，所謂安般六事，於凡夫、外道、二乘、菩薩，都可以修行，「解慧不同，是故證涅槃殊制」。這在客觀上反映了安般禪流行和普及的範圍遠遠超過了佛教界。如其中「凡夫鈍根行者，當數息時，唯知從一至十，令心安定，欲望此入禪，受諸快樂」。所謂凡夫，可以包括一切修持呼吸吐納的人。中國自古就傳有吐納之法，並多爲養生家所看重，可謂源遠流長。數息之法與禪那結合，後來爲道家所吸收，在某些儒士中間相當通行，與近年來被稱爲氣功的健身法，也有許多共同點。當然，在佛教之外的這類修爲，決不會與佛教的目的一樣。智顗所強調的凡夫之修，在於受諸快樂，而且特爲標明，此快樂實是於數息中而起魔業，是貪生死的表現。所謂魔業，當指追求神異及其由此形成的身心畸變；斥其貪生死，指妄求生天，或謀求長生之類。智顗在大小《止觀》等著作中，曾再三提醒行者不要著魔，並列舉了魔事種種，完全可以作爲今天行禪練功者之鑒。

可以說，天台宗是繼承和發揚安般禪最力的一個宗派，其影響之深廣，直到近現代還能見其痕跡。蔣維喬先生於一九一四年出版《因是子靜坐法》及其以後的持續發展，就是以天台宗的止觀法門和六妙法門爲基本內容，在社會上曾引起相當的反響。他的著作，還被題名《中國的呼吸習靜養生法——氣功防治法》於一九五五年由上海衛生出版社出版。安般禪從佛教的領域擴大成了中國整體健身、養生學的一部分。

在唐代諸宗派中，法相宗是偏重教理，不甚看重禪修的一個派別。但其譯傳的瑜伽行派，卻以精於禪觀而知名。在所有的修持中，無不是奢摩他與毘鉢舍那並提，其對三摩地的分類和介紹，也最精細。其中安般禪佔有重要地位。《瑜伽師地論》卷二十七中專釋「算數修習」，指導修行者如何在數息念中計數，並達到心理安定的方法。它分此算數修習爲四種：「一者以一爲一算數，二者以二爲一算數，三者順算數，四者逆算數」。所謂一爲一算數，指數入息爲一，出息爲二，如是輾轉，數至其十；所謂二爲一算數，指入、出息總合數之爲一，依此數至其十；順算數，指從一至十順次計數；逆算數，指自十到一，逆序計算。通過這四種算數的反復練習，做到心無散亂，然後進到勝進算數，即將此四種算數合而爲一，配合入息出息，從一至十，乃至以百爲一而算數之。如此反復，達到極串習，其心自然乘任運道，安住入息出息所緣，無間，無斷，相續而轉。由此可以產生一種能取的能力，不應再數。這種數息入定之法，在細密的程度上，同《安般守意經》講的十六特勝如出一轍。已故的巨贊法師即在吸取法相宗有關禪學的基礎上，特別發揮天台宗的止觀法門和六妙法門，也是主要用於民衆的健身和醫療。近代以來，佛教救世的思想復興，將佛家禪修改造爲一門有益人們身心健康的事業，應該屬於其中之一。

注釋：

❶見《出三藏記集・安玄傳》和〈沙彌十慧句序〉署名。

❷康僧會：〈安般守意經序〉。

❸〈安般守意經序〉，見《出三藏記集》卷六。

❹《晉書・王衍傳》記何晏、王弼之說。

❺〈安般注序〉，見《出三藏記集》卷六。

❻《世說新語・文學篇》引注。

❼《大乘大義章・七問法身感應並答》。

解說

上述簡要地歷史回顧，大體反映了《安般守意經》的價值，它的思想演化，則在一定程度上體現了中國佛教的發展軌跡。

就此經本身言，儘管組織鬆散，次第紊亂，在細節上不易弄通，但其總體結構和思想特色還是相當淸楚的。大體說，上卷著重論述安般禪本身，下卷廣釋三十七品經，觸及的內容幾乎包括小乘佛教的全部修持。

安般禪是梵文安那般念（Ānāpanasmṛti）的略稱，新譯作阿那波念，意譯持息念、數息觀等。《安般守意經》將它分爲六個步驟❶，即所謂「數息、相隨、止、觀、還、淨」，這六個步驟又可分爲兩大部分：即止與觀。數息、相隨的目的在於止，是禪的原始本義。止給觀提供一種特殊心理條件，而觀想的對象及其由此達到的境界、得出的結論，則多種多樣，無窮無盡。作爲一種特定的禪法，《安般守意經》將觀引向還與淨，即通過對佛教教理的思考，滅除五陰穢想，還心以潔淨，而歸於泥洹。

所謂止，或禪，在這部經典中稱之爲守意，與中國佛教對心、意、念、想等精神作用的認識有直接關係。換句話說，對於心意念想等主觀精神作用的認識，實爲中國人接受禪定這一外來思想的哲學根柢。遠的勿論，就康僧會看來，「心之溢盈無微不浹，恍惚髣髴，出入無間」，儘管不可視聽，但像化生萬物的種子一樣，「一杇乎下，萬生乎上，彈指之間，心九百六十轉，一日一夕十三億意」，因此而支配整個人身，作種種業行，所以必然成爲行道者關注的中心。所以謝敷說：「夫意也者，衆苦之萌基，背正之元本，荒迷放蕩，浪逸無涯，若狂夫之無所麗；愛惡充心，耽昏無節，若夷狄之無君」，如果順其奔流，必然淪於三界生死，因而必須嚴加守護，令其自反。這就是禪之所以名爲守意的基本原因。

這些言論是針對心意的消極一面說的。僧叡則特別發明心意的積極功能。他在〈關中出禪經序〉中說：「夫馳心縱想，則情愈滯而惑愈深；繫意念明，則澄鑒朗照而造極彌密。心如水火，擁之聚之則其用彌全，決之散之則其勢彌薄。」心無形故力無上，心力既全，乃能轉昏入明。因此，禪定不但在祛惑防患，而且主要在使思想清明，心力集中，便於充分發揮精神的能動作用。從這個意義上說，所謂止的原理，對於任何人的正確思惟都是適用的，因而帶有極大的普遍性。

在佛教的禪法中，最典型的形式是禪那（靜慮）。但如何達到禪那的那種身心安適、寧靜、明智的狀態，禪那本身並沒有說明。安般禪從數到止的方法，則提供了極其具體的運作程序。數息是默念十個數字，首先繫念於呼吸的次數，全部注意力集中到計數與呼吸的聯結上，所謂「繫意著息，數一至十，一數不誤，意定在之」。如此行定，經過三天或七天，可以做到寂無他念，泊然若死，棄十三億穢念之意，此稱數定。既獲數定，則不再數數，注意力轉移到隨順一吸一呼的氣息上，所謂轉念著隨，意定在隨，由此達到垢濁消滅，心稍清淨，謂之得息。既已得息，注意力再次轉移，集中於鼻頭，此謂之止。據說「得止之行，三毒、四趣、五陰、六冥諸穢滅矣，昭然心明」，偃以照天，覆以臨土，聰叡聖達，靡不能睹。」

以上是康僧會在〈安般守意經序〉中的解釋。他稱數定為一禪，得息為二禪，得止為三禪，總名行寂止意，實現心靖意清。這正是禪的本質規定。他舉例說，假若人處鬧，「馳心放聽，廣採衆音，退宴存思，不識一夫之言——心逸意散，濁翳其聽也；若自閑處，心思寂寞，側耳靖聽，萬句不失，片言斯著——心靖意清之所由也。」這段話，正符合禪定的本來意義。當然，《安般守意經》對止的理解決不限於此。止的引伸還在於能控制心意的外向探求，不為五欲所左右，因而也可以成為禁欲主義的方便法門。

由止轉向觀，是修持安般過程的一大轉變。那就是藉止的清明，觀想思惟種種教理，從而得以解脫。按經文本身的說法，觀想的對象及其意向，即是此經下卷所介紹的三十七品經的範圍。三十七品經是三十七道品的古譯，新譯爲三十七菩提分，乃是對小乘佛教全部修習的總會。其思想傳來中國也很古老，安世高譯有《佛說三十七品經》，漢魏之際的《牟子理惑論》曾就三十七品的名數作過答辯。東晉竺曇無蘭注釋《三十七品經》並爲之作序，可見傳播的也相當廣泛。《安般守意經》把它列爲自己的觀法，當然含有以安般統攝全部修習的意思。

但是，對於此經的詮釋和安般的運用，隨著時代的演變而有頗不相同的側重點。大體說，迄於東晉，它被看重而且發揮最多的一面，是厭世情緒和禁欲主義。康僧會的序言說：「還觀其身，自頭至足，反復微察，內體汚露，森楚毛竪，猶覩膿涕；於斯具照天地人物，其盛若衰，無存不亡……攝心還念，諸陰皆滅，謂之『還』也。穢欲寂盡，其心無想，謂之『淨』也。」此處釋安般六事中的觀，指的是觀身不淨，亦即二甘露門中的不淨觀。其在四諦中，屬苦諦四行相之一，在三十七道品中屬四念住的第一念住，同時又是八解脫、八勝處、十一切處等著名禪觀的入門處，其核心思想，在令人厭惡人身，從根本上遏制情欲的發生，屬於早期佛教人生觀中的一種最普遍的基調。所謂「還」特規定爲諸陰皆滅，即五陰皆空的意思，是從五陰的和合上對於人我的否定，屬於佛教最基礎的教義之一；康僧會說爲四禪以上的境界，當是四無色定所達到的那種心理狀態。最後的「淨」，此處指其心無想，相當無想定，是與滅想定相同的一種禪定，有人或把它作爲涅槃，或把它當作涅槃的預習，都是指思想活動處於停息，但與睡、悶不同的心理狀態。因此，康僧會對安般六事的概括，實際是後來稱爲九次第定的內容。

以制婬厭身爲主線的禁欲主義和悲觀主義上承《四十二章經》，下接其極端者《成實論》之學和《十二頭陀經》之禪，在中國佛教中起支配主導作用約四百年，客觀上反映了東漢末年至隋唐統一這一歷史時期的社會動盪不安，戰亂頻繁和廣大民衆掙扎在死亡線上的痛苦遭遇和悲慘命運。漢魏之際的王粲作〈七哀詩〉：「出門無所見，白骨蔽平原」；曹丕〈自敍〉：「百姓死亡，暴骨如莽」，可以作爲那個時代的寫照。仲長統感嘆：「名不常存，人生易滅」；曹操唱：「對酒當歌，人生幾何」，是經過親身體驗得出的人生哲學。及至曹植作《髑髏說》，陳「死生之說」，其厭生的旨趣，與佛教修死想幾乎完全相同。這種思潮在某些玄學中表現爲縱欲主義和混世主義的對立物，同時又是與玄學同一社會生活基礎的精神投影。

這裏順便說叨一下：一般認爲，促使佛教進入古代上層社會的是般若學；般若學是中國佛學中最早的顯學。這結論大致不錯，但應補充，禪數學的地位決不可忽視。以《安般守意經》爲典範的禪數學，早於般若學，而後與般若學共行，不但在佛教界，而且在士大夫中間，也有不少知音。即使表現豁達、灑脫、口不離玄言的名僧、名士，也不時流露出彷徨無著，消極絕望的情緒。因此，可以說《安般守意經》所表達的思想趨向，有充分的存在根據，是社會時代使然。

當然，不滿足於《安般守意經》消極性並力圖加以補救的努力，大約從嚴佛調吸取六波羅蜜於安般就開始了。六波羅蜜的基本精神，是把個人的痛苦同衆生的痛苦統一起來，從衆生的解脫中獲得個人的解脫，所以通常歸於大乘的範疇。康僧會曾大力推行十善六度以救世，同時又特別提倡開發安般中的神通一途，即三十七品經中的四神足部分，作爲個人解脫的最終歸宿。這樣，消極無望的色彩大大減少了，厭生出世的情緒也得到了限制，應該說這是佛教的一大進步。然而，這也沒有從根本上解決問題。且不說神通只不過是禪定中產生的一種能力。由於六度被歸結爲般若波羅蜜，空宗激盪，在特定意義上說，反而增添了人們的惶惑和迷惘。這個時候，應運而生的佛性論出現了。

我非常看重僧叡所作〈喻疑〉❷在反映中國佛學從般若學向佛性論的巨大轉變中的文獻價值。其中講到《大般泥洹經》所云：「泥洹不滅，佛有眞我；一切衆生，皆有佛性；皆有佛性，學得成佛。」又特別說及，傳般若學的鳩摩羅什：「此公若得聞此佛有眞我，一切衆生皆有佛性，便當應如白日朗其胸衿，甘露潤其四體，無所疑也。」這種對於佛性論的振奮，主要基於三個原因：其一是「一切衆生皆有佛性」的命題，確立了「生」的尊嚴，從而確立人生的可貴；第二，改造了「涅槃」的概念，給予了「常樂我淨」以嶄新的規定，從而設計出一個極其美好的、値得獻身奮鬥的理想王國；第三，促進佛教修習不再被譏爲「灰身滅智」式的修死之說，或被歸爲空誕虛妄。這種充分肯定人生價値並激勵人們從現實生活出發，爲佛教的美好未來做切實奮鬥的學說，對於《安般守意經》的禪數觀念，無疑是一個非常有力的刺激。地論學和攝論學的繼起，進一步強化了這種衝擊。其表現之一，就是淨影慧遠對於安般禪的地位的貶低：僅僅限制它在制止思緒煩亂中發揮作用，即只讓它起心緒寧靜專一的功能，而刪除它的「觀」的內容；其觀身不淨一面，雖然保留下來，但也只限於對治情欲過多的毛病。這就是數息念之所以被列入「五停心」之一的原因。

對於安般禪作徹底改革的是智顗。他倡導的止觀雙修，實是安般六事的概略。當然，作這種概略的，不是從智顗開始。東晉的道安在其〈陰持入經序〉中就止觀並稱，意思是禪與智不可割裂。到了廬山慧遠，愈益明確，他的〈禪經統序〉說到：「三業之興，以禪為宗……禪非智無以窮其寂，智非禪無以深其照」，此謂之禪智相濟，並以此總括佛教的一切修行。慧觀在其〈修行道地經不淨觀序〉中強調：「定慧相和以測眞如」，止觀成了把握眞理的唯一門徑。但是，在止觀的具體內容上，誰也沒有像智顗那樣給予如此重大的變更，以致使安般及其六事，也與天台宗的整個教理體系完全接軌。

關於數息，智顗在《六妙法門》中有一段綱領性的話：「於數息中，不得生死可斷，不得涅槃可入。是故不住生死，既無二十五有繫縛；不證涅槃，則不墮聲聞、辟支佛地。以平等大慧，即無取捨心，入息中道，名見佛性，得無生忍，住大涅槃常樂我淨。」顯然，這是從佛性論的觀念作解釋的。以此作爲安般的主導思想，同《安般守意經》之惡生死，入泥洹，抨擊人身「非常、苦、無我、不淨」，可謂背道而行。據此去闡發「六事」，其差別的懸殊，也就可想而知。譬如講「觀」，不只觀身，或主要不是觀身，而是觀心；觀心也不是落脚在無常上，而是觀心本自不生，或觀心源，知「諸法之源，所謂衆生心也，一切萬法由心而起。若能反觀心性，不可得心源，即知萬法皆無根本，或觀心時，雖不得心及諸法，而能了了分別一切諸法；雖分別一切法，不著一切法，成就一切法，不染一切法，以自性清淨、從本以來不爲無明惑倒之所染故」。❸這種觀的本質，在呼喚了了分別一切法，同號召心想盡滅，是絕對不可同日而語的了。

我以爲，安般禪的主要經歷，從特殊的角度，反映了中國佛教發展的歷史軌跡，也是對《安般守意經》作出的最公正的評價。至於近現代出現止觀分家的跡象，安般禪被獨立運作爲健身養生和安神靜心的法門，從而具有了更廣泛的文化意義和社會意義，那或許是體現著佛教的又一個時代的來臨。

注釋：

❶西晉竺法護譯《修行道地經》，卷五分數息守意爲四事，即數息、相隨、止觀、還淨。

❷〈喩疑〉，載梁僧祐《出三藏記集》卷五，署名「長安叡法師」。僧祐記此「叡法師」即爲慧叡，實爲僧叡之誤。有學者認爲，慧叡與僧叡是同一個人，但根據尚欠不足。

❸《六妙法門》。

附錄

禪修釋疑

一、佛光山禪堂知多少？

1禪堂啓建緣起

佛光山修持中心禪淨法堂，簡稱佛光山禪堂；經五年籌劃，三年興建，於民國八十三年春竣工；座落於佛光山大雄寶殿後方。殿左有玉佛樓，殿右有金佛樓；玉佛樓附設男衆禪堂，金佛樓附設女衆禪堂，專供僧衆坐禪使用。結合如來殿所附設之禪淨法堂（信衆禪堂），總稱爲「佛光山修持中心」。

佛光山修持中心之興建，乃開山大師有鑑於多年來佛光山僧衆之發心弘法；信衆之努力護持，卻苦無一處具有多功能的修持殿宇供僧信二衆使用；及有鑑於台灣社會拜金風氣之彌漫，道德人心之迷失墮落，故特建此修持中心，擬以長年舉辦坐禪、念佛等行門修持，來增進僧信二衆的心地功夫，改善社會風氣，淨化社會人心，爲我們的社會、國家、世界略盡綿薄之力。

2禪堂設施用途

禪堂，古稱僧堂、雲堂或選佛堂，是禪宗叢林的主要建築，爲天下僧衆，安身立命，專志修行的所在，禪僧晝夜於此行道。據百丈懷海所立「敕修百丈清規」卷八載：「所裒學衆，無多少、無高下，盡入僧（禪）堂中，依夏次安排，設長連床，施椸架掛搭道具。」意指一切僧衆不論人數多寡、身分高低，若進堂參修皆須依受戒先後安排禪堂座位。主要是爲禪僧行坐參修，及粥飯、休息等起居生活提供場所，所以設有長連床（廣單）、衣架之類的生活基本用具。

禪堂通常有兩個門，正門寫著「正法眼藏」，佛光山禪堂則書「法界禪門」，後門通稱「方便門」，是供僧衆盥洗、方便之用。傳統禪堂的建築長六丈至十丈，寬四丈至八丈不等，佛光山禪堂則長十二丈，寬八丈，分爲外禪堂與內禪堂，外禪堂能容四百人一起參修；內禪堂能容百人行坐，並設有長連床（廣單），一切食、宿、行坐修持皆在其中進行，是一所具有傳統叢林禪堂風格的修持閉關中心，又配合現代裝璜設備，因此整個禪堂的色調、採光、通風，皆能讓人安住身心。

此外，堂中還設有一佛龕，正中安奉佛像、聖僧像及供奉禪藏，表佛法僧三寶同時住持禪堂之意。四面設有坐禪位，中間則完全是個大空庭，可使禪者在坐禪勞累的同時，能有一處經行、跑香（適當踱步行走）的空間。跑香時，可分兩個圈子或三個圈來跑。欲快行者跑內圈，喜慢行者跑外圈。跑香是爲了活動筋骨、舒通氣血，以便安心坐禪，同時培養動態用功的能力，俾成就動靜一如之工夫。坐禪止靜時要將門簾子放下來，並懸掛「止靜」牌。門簾子一放下，就不可任意進出、走動，或靜中響動。因爲止靜的訊號一響，剎那間，世界彷彿就靜止了下來；在寂靜的氣氛下，可使人感受到禪的氣息。在不坐香的時間內，則相反地懸掛「放參」標示牌，聽許自由活動之意。

堂中還設有「維摩龕」，傳統禪林的維摩龕只有一座，是設在佛龕的後面，佛光山則有二座，分別設在堂口東西單的兩側，東單之法座專屬主七和尙使用，西單之法座則專屬方丈和尙（住持）使用。其他，諸如懸掛在東單前門邊的鐘板，及香桌上擺放的木魚、引磬、慧命牌、香板等，皆屬禪堂設施，於引領僧眾作息、督導行者禪修時使用。

傳統叢林的禪堂是專屬僧眾參修的禪堂，然佛光山禪堂則是一所供出家僧眾、在家信衆，及社會大衆禪修的禪堂。歡迎大家來使用禪堂！莊嚴禪堂！

3 禪堂例行活動

爲接引社會个同階層人士靜坐禪修、淨化身心，本堂設計了一系列禪修活動，供有緣者參考使用，詳如製表：

隨喜禪	常年舉辦，每週進行。提供給公家機關、學校、公司、佛光會等社會團體參修，於香別時間內隨喜進堂參修。
一日禪	常年舉辦，每週進行。每日五支香。
雙日禪	常年舉辦，每週進行。每次十支香。
三日禪	常年舉辦，每月進行。每日九支香。
禪七	每年春、夏、秋、冬四季各舉辦一期，提供給具禪修素養者參加。

4 僧衆禪堂簡介

僧眾禪堂是一所屬於佛光山出家僧眾專用的禪堂，本山禪淨法堂（信眾禪堂）於八十二年四月間正式對外開放，其後本山各別分院亦陸續增設禪堂，以服務社會大眾。為配合禪修弘化，及增進徒眾內在涵養，開山大師特於八十三年初指示：恢復傳統禪宗叢林「坐長香」的制度，經數月規劃，於同年八月間正式成立；屬於僧眾長期參修的禪堂。本堂每年於期頭（農曆八月十六）、期尾（農曆二月十六）時，受理本山僧眾討單。亦計劃於未來接受十方僧眾討單參修。

二、現代人為什麼要學習坐禪？

在現實生活中，每個人都有一顆貪婪、善變、不斷向外奔馳攀緣的心；這顆心，如果不加以鍛鍊，是無法捉摸、控制的。當自我無法控制自己心意時，就會不滿於現實所擁有的一切，這便是「苦」產生的根源。

如何配合日常生活的需要，透過禪的修持訓練，使自己的思緒能漸趨冷靜、理性、穩定，以昇華人格，增進內在涵養，實為現代人當務之急！

現代人學習坐禪的目的，大致有三種心態：

1為了健康的理由

現代人因事務繁雜，身心疲憊之餘，借由坐禪的鍛鍊，調身、調息、調心來強健身心；讓自己有更多心力來應付社會局態的變遷。

2為了心靈的淨化

坐禪的修持可以提昇人的內在涵養，使他更慈悲、敏銳、明晰，更有睿智與遠見，等到每個人都有深刻的禪修體驗時，「愛人、愛世界」，將成為一種常態。淨化現代人的內心世界，並依此而不斷地改善外在世界，使之趨於圓滿、至善，這才是現代社會進化的正常途徑。

3為了體悟佛法

禪僧，或是在佛道上精勤的禪者；希望藉由禪的修持，達到明心見性的內在體證，以圓滿佛道。

一般而言，這些希望，都會在實踐坐禪的過程中得到或多或少實現。由此可知，坐禪是一種「實踐哲學」，懂得多少理論與方法，並不能使你進入禪的堂奧；只有努力學習坐禪才能完成自己願望。

三、何謂坐禪？

談到禪修，大家都以爲進行禪的修練一定要坐禪。所謂老僧入定，要眼觀鼻、鼻觀心，這樣才叫禪修，才叫打坐。

但是六祖大師卻這樣告訴我們：「外於一切善惡境界，心念不起，名爲坐。內見自性不動，名爲禪。」這是說明：眞正的坐禪，必須在行、住、坐、臥的日常生活當中訓練自我，不被「一切善惡境界」所轉，及時刻能發見自我靈性、體悟禪趣，方是眞坐禪。

雖說禪修不能執著打坐，不過初學者還是應以「坐」爲入門，因爲唯有「靜中養成」，才能致「動中磨練」之功，此點觀念極爲切要。

四、坐禪的前行準備有哪些？

1安座位：上座之前，先將座處調整安穩，使久坐之後，不致產生不適之感。

2鬆腰帶：手錶、眼鏡、腰帶等一切束縛身體的物件，皆須鬆開，使身完全鬆弛，才不妨礙血液循環。

3墊臀部：無論初學或老參，臀部都須墊蒲團，以鬆軟爲佳，厚薄隨個人身體需求而異，以能坐得豎直平穩，不阻塞氣脈爲妥當。倘是雙盤，所墊蒲團應薄，若是單盤，所墊薄團須厚。雙盤而墊過厚，則上身不穩；單盤而墊過薄，則雙腿容易酸痲。

4裹膝蓋：氣候冷時須包裹膝蓋，以防風寒入侵，若得風濕症，極難治療。

5搖身體：將身左右搖動幾次，然後端直，無傾斜之患；或者身體前傾，使尻部凸出，再緩緩將身豎直。

6吐濁氣：口吐濁氣，先自鼻子深吸一口氣，然後開口放出，不可粗急，應緩緩安靜而吐。且作觀想，想身中濁氣隨之而出，如是口吐鼻納，重複三次至七次，若身息調，一次亦可。

7含笑容：默念「放鬆」，使面部神經鬆弛，慈容可掬，心情就自然開朗、愉快，若表情生硬枯槁，變成冷俊，內心亦會隨之僵硬。

五、何謂毘盧遮那佛七支坐法？

此坐法簡稱「毘盧七支坐法」，是坐禪調身最佳的一種方法。對於七支坐法的次第和內容，各家看法不盡相同，本文僅就調身部份，介紹七支坐法的內容。

1端坐盤腿：此有多式，應聽由視自己腿子的軟硬，選擇坐式，分別介紹如下：

(1)全跏趺坐（雙盤）：先將左腳放在右腿上，再將右腳放在左腿上，名「吉祥坐」。或先將右腳放在左腿上，再將左腳放在右腿上，名「降魔坐」亦名「金剛坐」。

(2)半跏趺坐（單盤）：右腳放在左腿上，左腳放在右腿下。或左腳放在右腿上，右腳放在左腿下。

(3)緬甸坐：兩腿平置於坐墊上，不交叉，不重疊，令一腳在前，一腳在後。此式能使身體平衡。

(4)交腳坐（散盤）：即交叉端坐，兩腳均置地面，兩腳掌朝上，置於兩隻大腿的下面。單跏趺坐亦覺困難時，可採取此坐姿。

2豎直背脊：必須使脊椎自然直立，若身體衰弱，或有病者，最初不能挺直，則隨其自然，練習日久，自能漸漸豎直。但要注意，是自然之直，過俯與過仰皆不如法。

3手結定印：又稱「法界定印」或「三昧印」，先將右手掌仰放在肚臍下的脚上，再將左手掌仰疊右手掌上，還須注意將兩拇指輕輕相拄。

4放鬆兩肩：兩肩微張，兩手自然下垂，使兩肩肌肉自然放鬆。

5內收下顎：將頭擺正，後頸靠領，下顎裏收，頷壓喉結。

6舌尖抵齶：閉口，舌尖輕輕抵住門牙上齦的唾腺，不宜用力，若有口水則緩緩嚥下肚去。

7收斂雙目：雙眼半開半閉，視若無睹，不須照看在任何東西上，若閉眼易定，則全閉爲佳。

這七支坐法，都有其含義，非常符合生理與心理的自然法則，雖不明言氣脈修練，其實氣脈之功效，已涵蘊在這七支坐法中。

六、坐禪完畢要下座時應如何？

上座坐禪之時，是由粗至細，由動入靜；下座之時，由細至粗，由動出靜，上座下座皆不應急躁、粗暴，尤其下座，更應輕輕動身，徐徐作下座的動作，才不致損傷身心，因在坐禪當中，心息寂靜而住，脈氣微細而行，若下座過於頓促，令微細氣息未散，住在身中，則可能引發頭痛、四肢僵硬，如得風勞一般，於下一次坐中會感到煩躁不安，所以下座時，須注意一些事項：

1異緣：舒放身心，轉換所緣（坐禪時之工夫），令心自然專注於每一下座動作。

2吐氣：開口吐出濁氣，心想氣從全身毛孔隨意而散。

3動身：將頭、身、肩、腰等，輕輕搖動。

4動足：上身動過後，再動二足，使其柔軟。

5摩身：將雙手搓熱，再遍摩全身各部。

6開眼：仍然搓手令熱，輕拭眼皮周圍，然後開眼。

7熱歇方出：坐禪後往往氣血暢通，全身溫暖，有時出汗，須將汗擦乾，身熱稍退，方可隨意行動。

七、坐禪時如何調呼吸？

調呼吸，一般通稱「調息」，氣息和順舒暢，心境才能平靜安穩。要想坐禪淨心，若善調息，必能得事半功倍之效。因為人體生理的動靜以及心理情緒的波動起伏，與呼吸的氣和息，有極密切的依存關係。

如何調息？須知呼吸的現象（方式）有四種：

1風相：鼻中呼吸有聲。剛作完激烈運動之時，即是此相。（不宜打坐）

2喘相：呼吸雖無聲，但出入結滯不通。在感到恐懼、緊張、病痛、虛弱、興奮、疲倦之時，即是此相。（不宜打坐）

3氣相：呼吸無聲，亦不結滯，但出入不細。正常人平常的呼吸即如是，每分中大約十五至二十次的呼吸。（不宜久坐）

4息相：呼吸無聲，亦不結滯不粗急。出入綿綿，若有若無，氣定神閒，心情愉

快。（最宜坐禪）

風喘氣三種現象，都是氣息未調之相，而刻意用心去調和，反而成爲障礙，不能達到坐禪的靜定之效。

舉要言之，呼吸任其自然，不加控制。但平心泯念，而安住於寂然之境，久而久之，自然氣沈丹田，脈解心開，這即是我們修習坐禪，初入學時最好的調息方法。

八、坐禪時如何處理散亂的思緒？

一顆未經訓練的心，通常是好分別、好思惟、好亂想、好貪取的，所以佛陀把凡夫衆生的心形容爲「心猿意馬」。我們之所以會有貪欲、瞋恨、癡愛等煩惱，除了對宇宙人生的眞相（眞理）不明白的原因之外，主要還是由於心的散亂、貪取所引起。如何才能改善胡思亂想，以及貪欲執取的壞習慣呢？在此提供一種簡單易學的方法給大家修練，此法名爲「數息觀」，是釋迦牟尼佛親傳的法門。

所謂「數息觀」即是依於出息、入息進行數目字的念數，而且須邊數邊觀察，看心意有否安住在對呼吸與數目字念數的觀察上，故名「數息觀」。當出息時，把注意力集中在數出息的數目字上，每呼出一口氣，數一個數目字，數到第十，再回頭從第一數起，如是週而復始，綿密念數，名爲「數出息」，或者於入息時觀察念數，方法與數出息同，名爲「數入息」，若能數到心無雜念，而達到不必刻意用心，即能自然念數之時，身心便會有異常愉悅的感受產生，這即是修練數息觀得「定」的證明。

此外，在數目字的念數上，除了從一至十的數法外，亦可作十、九、八、七……的逆向數法，或作一、三、五……，或二、四、六……，乃至五、十、十五、二十……等順向不定式的數法，以防止因固定數一法，而讓數息觀的修練產生機械化的厭倦，減弱對念數的專注力，導致雜念的活躍，或昏睡現象的產生，因此適時的變換數息方式，是必要的。

九、什麼是理想的坐禪環境？

「工欲善其事，必先利其器」，選擇理想的坐禪環境，對初學者極爲重要。山中之水邊、林下，郊外之寺院、精舍爲最適於坐禪。初學應勤於寺院與衆共修，待完成基礎訓練，再居家獨修。居家獨修者更應重視環境選擇，能有一間格調清幽、高雅的禪房最爲理想，若無則利用臥室來作爲習禪的處所亦無妨。應注意之重點如下：

1空氣須流通：靜室不宜密閉，以免造成悶熱、昏睡現象，影響身心健康。亦不宜讓風直吹到身上以免風寒侵身。

2明暗要適中：光線太亮，容易刺激視覺神經，也易散亂；光線過暗，則易昏沈，或引起幻象，不易使心平靜。光線柔和適中，較易得定。

3避免受干擾：吵雜人聲、音響聲，或時有人出入，皆會造成干擾，影響入靜。坐禪時亦忌諱在靜定之時受人騷擾；例如呼叫、碰觸、搖動坐禪人的身體等。

4應供聖者像：人有誠心，佛有感應。於禪室中，安置佛菩薩或羅漢聖像，而常上香、供茶、獻花，則能得護法善神、諸佛菩薩守護，不爲一切鬼魔擾害。

十、坐禪的利益有哪些？

禪學，是一門生命之學；禪修，則是一項生命科學的實驗，若不能發起細水長流的恆長心、堅忍心，欲成道業，便成妄想。茲將禪修之利益敍述於下，以資感發恆長心、堅忍心，而助成道業。

1消除生活壓力

生活壓力的產生來自心的散亂，及對生活現象的錯誤認識與執著，當透過坐禪訓練，讓心靜下來時，「覺性」會幫助我們辨別邪正、釐清錯誤，所謂的壓力也就自然消除。

2增進身體健康

現代的醫學科技告訴我們，人類百分之七十的身體病痛是來自心內焦急、貪婪、瞋恚的情緒，佛法亦說：「心生則種種法生」。由此可知，若想增加身的健康，從心的修養作起，必能得事半功倍之效。

3提昇內在涵養

人心之不古，道德之沒落，乃起因於人們聽不到，或沒有時間聽自己內心「寧靜」的聲音，所以終日活在追逐名利、權勢、地位當中；時刻爲愛恨情愁、憂悲離苦的惡友所擾害，倘能與「坐禪」爲友，則可逐漸遠離名利、權勢、地位，愛恨情愁、憂悲離苦的惡友，進而昇華內在涵養。

4享有禪悅之樂

佛陀說：坐禪能得「現法樂住」，所謂現法樂即是禪定之樂，是一種從絕對寂靜心中所產生的美妙快樂，非世間五欲之樂可比，勤於坐禪修持者，能體驗到這種禪悅之樂。

5不爲煩惱所縛

佛陀還說：坐禪能得「漏永盡」，這漏永盡的「漏」字就是煩惱的別名，坐禪能使煩惱永遠止息，獲得究竟解脫，故言漏永盡。

6開發本具智慧

《楞嚴經》云：「攝心爲戒，依戒生定，依定發慧……」，這裏所講的智慧是「般若」的意思。般若是梵文音譯，翻成中國話叫智慧，是一種能體悟宇宙人生眞象的智慧，非一般世智辯聰。由於「般若智」是一切有情衆生本具的，只要假以時日的坐禪修練，就能顯發出來，故言開發。

7明見清淨心性

「何期自性本自清淨……」，這句法語是六祖大師開悟時說的，若語譯成白話即是「沒有想到人們的靈性本來就是清淨無染的」。坐禪能幫助我們得到這種體證，找回我們的本來面目。

8圓滿成就佛道

有僧問：「什麼是佛道？」

馬祖禪師說：「即心即佛，無心曰道。」現前這一念心如何做「佛」？既已無心如何悟「道」？佛道是什麼？唯證方知，唯精勤於坐禪者能證，唯證悟者能圓滿成就佛道。望君努力坐禪才是！佛道是什麼？參！

十一、修學坐禪的「助道因緣」有哪些？

1近善知識：坐禪修練之事，各家所說不同，若有體證，深淺難測，邪正難辨，故須親近善知識，依之抉擇修學，才不致造成傷害身心之遺憾。

2培養慈悲：「一念瞋心起，百萬障門開」，瞋恨是失種種善法的根本，墜入惡道的因由，其力甚於猛火，要常加防護，不使生起。培養慈悲心即是最佳之對治方法。慈悲之人，心性柔和，坐禪較能入靜。

3止惡行善：修學坐禪之人，一切大小惡事都不應犯，才不會導致心神不寧。若遇有過惡之事，無論大小，皆須懺悔，令心淸淨。遇有善事，不管大小，皆應隨喜去做，以培修福德。

4不多攀緣：不以欲心，攀緣外務；若多攀緣，心必多事，於坐禪時，難得調靜。

5善調飲食：飲食者，飢餓病之藥也。倘食過多，身滿氣急，百脈不通；若食過少，則營養不足，體力不充，坐時氣羸心懸，意慮不能定。所食之物，亦須以蔬菜類之「健康飲食」爲主，才有助於坐禪。

6善調睡眠：不可貪睡，貪睡則心神闇敝，增長愚癡，亦不宜刻意少睡，少睡則容易昏沈，無力坐禪。

7除掉悔蓋：好東遊西走，跳動雜耍，名「身掉」。喜歡吟詠歌唱，或無意義之笑談，名「口掉」。心情放蕩，縱意攀緣，種種無意義之緣想，名「心掉」。此三類散掉，會破壞禪定，故須捨棄。「悔」是憂悔、懊悔之意。因思惟所作不謹愼之事，或可恥行爲，心中放不下，而常憂悔。如能知非，懺悔不再作，且事後不再憶想念著，知罪性本空，自不妨礙坐禪。

8深具信心：⑴信自己與一切衆生皆有佛性，今日能聞道修法，必是宿世多種善根之人。

⑵信教授師是有道之人，不可看師行貌不莊重，便心生疑慢，眞有道者，往往秘而不露，既從師受學，應信而不疑，恭敬如儀才是。

⑶信所修法門殊勝，不可執著自己妄心所想，對所修法起疑，既不能感發眞信，如何深入修學，不能深入修學，則難得其益。

十二、習禪者應具備的條件是什麼？

世間是緣起的，緣起世間的一切，皆假因緣（關係條件）合和，方得成立。習禪者欲入禪門，體會禪趣，應有如下因緣條件，方能成辦。

1正確的知見：思想觀念——知見，是吾人善惡行爲的主導，荒謬、錯誤的禪修知見，會引生盲目顚倒的怪誕行爲，譬如不食人間煙火、謗無因果、妄想轉生天界，獲得殊勝地位；練成神通，成爲超人；炫耀自我成就，讓別人欣羨等。習禪若如是，就走入歧途了。聯合報曾經刊載：大陸學氣功坐禪者很多，然因此而得精神病的也不少，這就是錯誤的知見、動機所引生的結果。所以習禪須先確立「正確的知見」，方不致禪修無功，反而造成身心的傷害。

2開放的心靈：習禪者，須培養理性、客觀的修爲，遇不如意事，應以「水平思考」的方式檢視自心，處理情緒，才能超然於是非之外。

3清淨的戒行：一般人只是愛慕禪定功德，卻不知從持戒學起。不知道自己的身心，一直在煩動惱亂中，如狂風駭浪一樣，就想憑盤腿子，閉眼睛，數氣息等，一下子壓伏下去，這就難怪不容易得定。守持淨戒，對坐禪有絕對的幫助，生活的散亂，坐禪中的憂悔、妄想，乃至招魔著邪，成爲魔王眷屬，自害害人，即是來自「犯戒」的過失。所以學禪之人，必須嚴謹持守生活的基本戒規——五戒、十善。

4恆長的耐心：「有恆爲成功之本」。世間知識的學習，從小學到大學的完成，須要十六年，禪修是生命學的研究，解脫道的實踐，因此更須要循序漸進、細水長流的恆長耐心，否則無法成就道業。

其他，諸如知足、澹泊、惜福、感恩、謙卑、柔和、慈悲、智慧（三法印）等德行、操守、修爲，皆應致力薰修培養，以助禪修。

十三、如何保持動態生活中的「覺醒」？

「覺醒的心」是行者修定、修慧的結晶。初學坐禪，想要在生活中把持自己，必須努力於「密護根門」的修持。

什麼叫「密護根門」？就是《遺教經》所說的制伏五根及制心。吾人有六根──眼耳鼻舌身意，前五根是能引生見色、聞聲、嗅香、嘗味、覺觸等認識作用的；意根是能認知一切法相的，爲六根中之最主要。

在我們的日常生活中，不外乎見色、聞聲──認識法。當認識作用產生時，必須要嚴密的守護，譬如守門人，見到雞犬亂闖，小偷等進來，就主動作適當處理──拒絕或驅逐。一般人，在見色、聞聲時，總是執取境相。合意的，就取相而引生貪欲等；不合意的，就取相而引生瞋恨等。不能控制自心，爲情緒、煩惱所轉，而迷惑、造業，就像牛的亂闖，踏壞苗稼。所以，在見色、聞聲……等時，要密護根門。能嚴密的守護根門，才能止惡，能漸伏惡法，則禪定功德日增。

此外，致力於密護根門修持時，並不是不見色、不聞聲……等，而是在見了聞了時，能不隨煩惱轉。譬如見美色而不起淫意，見錢財而不作非分想等。所以需要「正知」、「正念」的輔助才得。若無正知、正念，當外境現前時，心容易隨境轉；好比小偷進門，大箱小籠搬了走，還呼呼熟睡，沒有發覺，那就無法致密護根門之功。

什麼叫「正知」、「正念？」就是對於外來的境界，或內心想的事情，能正確認識是好是壞，叫正知。對於「正知」的這一念定心，能時時警覺、留意，就叫正念。習禪之人，在生活上「依正知而住」非常重要。

修行人在一般生活中，任何的去來往返；不論是無意的睹見，或有意的瞻視；手臂支節的屈或伸；飲食、行、住、坐、臥、覺寤，語默動靜等，都要保持正知。在生活動態中，知道自己在做什麼；應該做或不應該做；適當做或不適當做；做得好或不好等。

總之，在這些事情中，能事事正知，念念分明，就不會迷失，而墮落錯誤過失之中。行者須耐煩勤修「數息」、「隨息」、或「念佛」法門，假以時日，日久功深，自然能開發出正知、正念的功能。

十四、欲望與習禪的關係？

欲望，可分爲惡欲與善欲，善欲又稱善法欲，這是順於戒、定、慧德行的，是積極向上的善法，能由此引生無邊福德智慧。惡欲則是無明惡見薰染所成的習氣。若不知約制、遠離，則一切功德善法皆不得生。所以想成就禪定，開發智慧，一定要遠離欲望及諸不善法，方能成辦。若是念念不忘飲食男女，貪著五欲，對人做事，不離惡行，卻想得定，發神通，這是顛倒妄想！

諸欲望中主要是「五欲」，五欲是色、聲、香、味、觸，隨俗說即是財、色、名、食、睡，這是誘惑人心，向外貪著追求的物欲。初學坐禪，要攝心向內，所以必須離棄他。對於五欲境界，要不受味——不爲一時滿意的快感所惑亂，要看出他的過患相，視五欲爲僞善暴徒、糖衣毒藥、刀頭甜蜜，如是才能不取相染著；染著心不起，名爲離欲。

在五欲中，男女欲是最嚴重的；這是以觸欲爲主，攝得色聲香的欲行。男女恩愛纏縛，是極不容易出離的。多少人爲了男女情愛，引出無邊罪惡，無邊苦痛。經中形容爲：如緊繫的繩索，縛得你皮破、肉輾、斷筋、斷骨，還不能捨離。所以想習禪入定者，非節淫欲，乃至離欲不可。

話說欲望如毒蛇猛獸，然初習禪者，仍不宜強勢驅離或壓制欲望，應透視欲望的本質（幻生幻滅），以智慧疏導情欲，讓心靈在適量欲望的滋養下，逐漸接受、適應離欲的生活修行。

十五、生活中的善惡習慣對禪修有何影響？

習慣分爲好習慣與壞習慣，好習慣有助於善心的增長，壞習慣則專門破壞定慧修持。生活中，應積極棄除的壞習慣，最主要是「五蓋」。五蓋，是欲貪蓋，瞋恚蓋，惛沈蓋，掉舉蓋，疑慮蓋。這都是覆蓋善法、染污心性的，對修習定慧的障礙極大，所以叫蓋。

五蓋是怎麼形成的？欲貪，從染著五欲境相而生。瞋恚，從可瞋境而起。惛沈，心情昧劣下沈，與睡眠鄰近，爲身、息不調所引發。掉舉與惛沈相反，是心性的向上飛揚，爲散亂的細相，從想到親屬、事業、國土，及追憶起過去的事情，或亂想三世

——過去、現在、未來而產生的。疑，是不正疑慮，從緣想三世而起，不能正確思惟三世的諸行流轉，生滅無常，空無自性，而執著「我」（身體與精神）與「我所」（我所擁有的一切）爲眞實的，推論過去世中的我是怎樣，如何的……等這一類的疑惑。

如何對治五蓋？欲除五蓋，必須修「不淨想」來治欲貪；修「慈悲想」來治瞋恚；修「緣起想」來治疑慮；修「光明想」（法義的觀察）來治惛沈睡眠；修「止息想」來治掉舉散亂。此五蓋若能除遣，則定慧自然產生。

六、初學坐禪於坐中如何用功？

說到習禪用功方法，不外乎調攝身、息、心。「調」是調伏、調柔，人心如攏悷的劣馬，不堪駕御；又如惡性牛，到處踐踏禾稼，必須加一番調練、降伏功夫，方能使心伏貼柔順，隨自己的意欲而行，所以古來有「調馬」、「牧牛」的比喻。

調即調和之意，身體、呼吸、心念，都要調和得恰好，勿使動亂，才能漸入安定。「攝」是收攝，使心念集中，勿讓他散亂。

如何調攝身、息、心三事?如《小止觀》中說，身體要平穩正直，舒適安和，不得隨便動搖，也不使產生緊張、積壓的感覺。閉目，閉口，舌抵上顎，也不可用力。調息，呼吸時，要使之漸細漸長，不可有聲，似有似無，但這是漸習而成的功夫，不可過急，欲速則不達。調心，恆常不間斷的使心繫念緣中（心的所緣境，如數息），不散亂，不惛沈，不掉舉，心意集中（歸一）而能平和，自然安定。三事有相互關係，然以心爲主，在身、息正常安靜調適中，達心息相依，則定境自生。

十七、初學坐禪以什麼方法入門爲佳?

以「念息」爲入門方便，是最容易得力的法門。一呼一吸，叫做一息。息是依緣身心而出入變化的，對身心的粗動或安定，有密切關係，所以安定身心的禪定學，對修息極爲重視。

如何修念息?念息方法有六種:數、隨、止、觀、還、淨;前三法是「禪定門」，後三法則是依定起觀的「智慧門」的修法。

1「數」息:以息爲所緣，吸入時，以心引息而下達於臍下;呼出時，心又隨息而上，自鼻中呼出。這樣的一呼一吸爲一息，數入息的不再數出息，數出息的不再數入息。一息一息的默數下去，到十數爲止，再從一數起。數息，如念佛的揑念珠一樣，使心在息——所緣上轉，不致於忘失。初學者如中間忘記了，那就從一數起，以做到一息一息能安穩的自然念數，憶念分明爲止。

2「隨」息：久久心靜了，不會再忘失，就不必再數，只要心隨於息，心息相依，隨息而上下，覺息遍全身等。這樣，連記數的散亂也離去了，即是得力之相。

3「止」息：久久修息漸成，心與息，如形影之不離。忽而心息不動，身心泯然入定，也就是修「止」成就。

念息修止應注意那些事項？凡修息的，以細長爲妙，但初學者不可勉強，以免傷氣。又息須均勻，切勿忽長忽短。佛法的持息，本意在攝心入定，所以不可在身體上著想。修習久了，如小腹充滿，發熱，或吸氣時直達足跟趾端，或覺臍下氣息下達，由尾閭而沿脊髓上升，或氣過時，幻覺有光色，音聲等——這都是氣息通暢，生理上的自然現象。切勿驚奇眩誇，落入氣功及丹道的外道窠臼！

十八、日常生活與習禪的關係？

禪的誕生，衆所週知的，是來自「佛陀拈花，迦葉微笑」，這是很美妙、殊勝、莊嚴的事實，由於此一大事因緣；禪，開始了它生命的躍動！

習禪有成之人，生活的本身即是「禪」的當體，在處事臨衆中，以往的諂曲、喜怒、憂慮、矛盾等，已爲「禪心」所消融，生活中所展現皆是「禪」的妙用——無住與隨緣。

以工作生活而言，在人際關係上，無論上司或下屬，都樂於與之相處，與客戶的應對交談，也會因「禪」的注入，變得幽默，具有內涵，而不再是誦念刻板無趣的「生意經」。在調度、操作上則更得心應手。在工作觀念上，則能夠從以往「人爲何要辛勤工作」的疑問觀念，而轉化成「工作就是修行」的觀念，能瀟灑的面對一切順逆境界。

以家庭生活而言，心中有了「禪」，家庭即是禪堂——理想的禪修道場，不像以往，家是一個重殼子，每日週而復始的生活，使人覺得單調、乏味、厭倦，乃至壓力，有股透不過氣的感覺。禪能開闊心境，能調和出活潑、自在的生命色彩，而增添「詩情畫意」的品味，使家庭更溫馨、美滿。這是說要用禪心去看這個「家」，融入「家」的生活中，如此才能給家人更多的體貼、諒解與關懷，以及純摯的愛——一種無執、無染、無求的菩薩大愛。

禪，如何認識、體會？這須依於善知識的引導，從每日三十分到一小時的坐禪靜慮學起。若能持之以恆，待因緣成熟，即可感發禪悟，體會禪趣，豐富人生。

十九、如何安排居家禪修生活？

現代是個瞬息萬變，複雜紛亂的時代，由於生活競爭激烈，及感官的過度享受，使人們迷失了自己的性靈。針對這樣的時弊，「禪」是一劑最好的藥方，我們每一個人都需要禪定的力量，來安頓浮盪不定的身心。

初學坐禪，假使尚處在調身的階段，由於身體粗糙、筋骨僵硬，每一上座，五分鐘或十分鐘，腿了即不聽使喚，呈現酸、痳、脹、痛的覺受，再加上腰酸背痛，眞是苦不堪言！如硬要久坐，可能會退失對坐禪的興趣和道心。因此初學坐禪應以「坐次多、時間短」爲原則。每天坐禪時段的安排，可作如下參考：

1早上起床時：早晨精神狀況好，坐禪功效甚佳。盥洗、暖身運動，或上香、禮佛後即可進行坐禪。

2晚上睡覺前：一天忙於事務，在睡前澄心靜慮，將白天紛亂的心念沈澱下來，可得睡眠安穩，不作惡夢的利益。睡前坐禪，很重要。

3例假日休閒：早上與下午時段，可各安排二座，晚上則安排一座，每座以十分、廿分之時限，逐步訓練。坐禪是最好的休閒活動，不僅身心能得調適，更可開闊心胸，享受空無、寂靜的禪悅，所謂「心包太虛，量周沙界」，所以坐禪是最好的休閒生活。

以上是提供給繁忙上班族的禪修參考，若家庭主婦則可視家事之多寡，作適當安排，大概是以早、午、晚爲基準，選在身心最佳狀態時，安排若干坐次（太餓、太飽、太倦、事未完，皆不宜坐）。

此外，初學坐禪，最好自訂功課表、功過表，要求自己，視坐禪爲每天例行工作，如三餐、睡眠、盥洗等行事一樣。坐一支香，就在功課表上打勾，並用心寫日記，記錄坐禪過程的變化，觀察進展，檢討缺失，能善巧改進，則進步神速。

總之，「久坐必有禪」，只要能依於正確的坐禪方法，耐煩練習，假以時日，一但坐出寧靜、輕安、喜悅、則自然獲得坐禪利益，建立坐禪信心。最怕一曝十寒，腿痛腰酸，就退卻不坐，果眞如是，則必然一事無成。

二十、居家習禪應注意哪些事項？

家庭生活是全家共有的，除非擁有私人臥房、書房，否則想坐禪時，就會覺得不方便。因此，在家中設立禪房或佛堂是絕對必要的。

居家坐禪，獨修或與妻兒子女共修皆宜。然坐禪時，應力求放下一切緣務，功夫才能得力。

平常上班工作繁忙，居家時又閒事糾纏，能定下來坐支香，甚有福報。若全家人支持，則好；若有人持反對態度，就必須多溝通，取得共識，以免橫生枝節，於坐禪時遭受干擾，譬如：啓門應輕聲、音量要放小，訪客與電話須代爲接待處理，坐中不得推動、靠進身體……等等，「寧靜」是坐禪最必要的助緣。

另外，坐禪的地方不宜潮濕、炎熱；空氣須流通，光線要適中，不宜太亮；不可於風口下打坐，坐墊不宜太柔軟，亦不可太硬（坊間有專售坐禪用），高低必要調整合適。衣著以寬鬆、舒適爲宜。若覺涼意，須適時添衣，護好膝蓋。坐禪前應先拜佛，或作簡單的軟身操，有助調身。亦可先誦段經文，但不宜大聲，最好金剛念（默念），具調息（調呼吸）功效。並對自己微微笑，保持愉悅輕鬆的心情。若使用鬧鐘，音聲不宜太響，以免自己受驚。下座後應作迴向，培養憫念、與樂衆生的慈悲心；並稍做運動，活動筋骨，舒通氣血。坐禪完畢，步出禪房，應向護持家人致謝，以養成「感恩」德操。

二十一、坐禪時可以聽音樂嗎？

柔和音樂能陶冶性情，消融瞋習，尤其坊間一些「禪曲」，其旋律彷若佛國仙境的梵樂，清幽美妙，聞之塵囂盡散。或有以念佛持咒音聲、梵唄讚佛曲調的，即所謂「梵音海潮音，勝彼世間音」，梵音莊嚴清雅，可令聞者身心淨化，引發虔誠的宗教情操，也能達到信仰上的效果。

禪修的方法很多，聽音樂是耳根與聲塵的接觸，如能讓自己身心清淨下來，並無不可。但禪修最好要有一個固定、專注的觀察目標——所緣境，如數呼吸、觀呼吸、觀佛相、念佛號、持咒語等禪定門的修持，亦可觀感受變化、觀心念變化、觀勝義（實相）等智慧門的修持。對於初學坐禪的所緣境，應注意幾點原則：

1要簡單，不要複雜。

2要固定，不要常換。

3要能制伏煩惱的。

4要能契入正理（三法印）的。

以上原則，凡要能讓心清淨，能降伏自身的煩惱妄想，進一步以空性智慧斷除煩惱習氣，都可作為禪修的所緣對象。禪修最好不要依賴外在的東西，如果這個東西一時無法取得怎麼辦呢？所以，平時生活，聽聽音樂無妨，如真要禪修，還是少用，可與不可應善自斟酌為要，否則禪定中儘是音樂，成了幻境，反受其害。

二十二、如何調飲食？

飲食之所以為修持行法，是藉調和飲食資助行道。古德云：「法輪未轉食輪先轉。」足見飲食對修行者的重要。如果吃得太飽，則會呼吸急喘、肚脹，甚至導致百脈不能暢通，影響攝持心念，無法安心坐禪辦道；如果吃得太少，則會身體虛弱，心意恍惚，精神無法集中，這兩種飲食方法都不是善調之相。

古德言：「蘿菠青菜無上清齋，黃虀野藿珍饈妙味。」吃素誠大善行，習禪者最好能戒「五辛」：大蒜、茖葱、慈葱、蘭葱、興渠，因五辛中含多量刺激性物質。如吃不潔食物，使人心識昏迷；吃不相宜食物，則會引發潛伏疾病，使身體四大不調。因此飲食調理得當，是初學坐禪者必須謹慎注意的。

此外，熟食使人生淫欲心，生吃則使人增瞋恚心，皆會蒙蔽智慧增長愚癡，故不宜。剛開始由清淡入手，「味覺」逐漸淡化，即可漸除過分欲望。食不宜過量，七、八分飽即可，少量多餐亦甚佳。飲食須定時、定量，使胃腸能調適改變，食後應適當經行跑香，幫助蠕動。

習禪者，若欲禪修有成，在飲食上應多選擇自然健康食品，如五穀類、蔬果類、乾果類，新鮮蔬果藏有大量能量，屬於悅性食物，很適合人體吸收，對身心健康有直接和明顯的幫助。只要善巧調配，營養即能足夠。

經云：「身安則道隆，飲食知節量，常樂在空閑，心靜樂精進，是名諸佛教。」一般人對飲食的要求，不但要美味，還講究色香味俱全；好吃的就貪得無厭、暴飲暴食，不喜歡的就挑剔揀擇，甚至未食即棄。而禪修者應重視從飲食中培養淡泊無欲、簡樸惜福的生活態度，飲食只不過是維持生命和醫治餓病的藥物，須常思來處不易，以感恩心受食。吃飯前，合掌稱念「供養佛、供養法、供養僧，供養一切衆生」，以增長恭敬、慈悲之心。另有五觀：

1計功多少，量彼來處。

2忖己德行，全缺應供。

3防心離過，貪等爲宗。

4正事良藥，爲療形枯。

5爲成道業，應受此食。

佛門的「食存五觀」是正念受食的殊勝口訣，能常繫念作意修持，則道業日增。

二十三、如何調睡眠？

睡眠爲無明之相，覆蓋心性，令心昏昧不清，不可放縱。「休息是爲走更遠的路」，適當的睡眠很重要，參禪打坐必須要有體力作後盾，廢寢忘食有時會導致不良後果，功夫得力除外。

不可貪睡，貪睡則心神闇瞉，增長愚癡，亦不宜刻意少睡，少睡則容易昏沈，無力坐禪。《佛遺教經》說：「無以睡眠因緣，令一生空過，無所得也。」阿那律尊者聽佛陀說法時打瞌睡，被佛陀喝斥：「咄咄汝好睡，螺螄蚌蛤類，一睡一千年，不聞佛名字。」心生慚愧，於是從此不睡，精進不懈，導致雙眼失明，後來佛陀教以金剛照明三昧，而得天眼通，爲佛弟子中，天眼第一。

佛言：「修行如調琴，琴弦太緊了，容易斷掉；琴弦太鬆了，彈不出聲音；要能不緊不鬆，才能彈出優美的曲調。」習禪者每日五或六小時睡眠是正常的；晝時若覺疲累，中午小睡三十分或四十分，也是應該的。

平時工作、讀書之餘，雙眼閉目養神五分鐘、十分鐘是良好習慣。有人以爲可以靠坐禪來提神養氣，消除疲勞，這是對老參而言。對於初學者，常是一上座，沒多久即出現昏沈現象，長久下去，易得禪病，影響身體姿勢，有礙健康。應該在精神狀況好的時候，再行坐禪，功夫才能得力。

佛陀教我們睡眠時，也應提起正念，所謂「勤修寤瑜伽」——睡前洗洗脚，睡時「吉祥臥」右脅而臥，把左足疊在右足上，也叫做獅子臥法，非常有益於身心。睡眠時，應作光明想；修習純熟了，連睡夢中也是一片光明。這就不會過分的昏沈；不但容易醒覺，也不會作夢；即使作夢也不起煩惱，能念佛、念法、念僧。等到將要睡熟時，要保持警覺；要求在睡夢中，仍然功夫不失。這樣的睡眠習慣了，對身心的修養，最爲有效。而且不會亂夢顛倒，也不會懶惰而貪睡眠的佚樂。所以，睡眠也是一種修持。

二十四、發心立願與習禪的關係？

發心立願，是禪修初學者的首要急務。如同一個人要做事之前要先立定志向、目標，志向目標確立，再精進做去，則大事自成。比如《勸發菩提心文》說：「入道要門，發心爲首；修行急務，立願居先。願立則衆生可度，心發則佛道堪成。」這即是在闡明發心立願的重要。

平時我們成家立業，要擬定理想、目標，凡做事、舉辦活動，也要訂宗旨、擬辦法等，這就是「願」；願是一股動力，一種眞誠的發心，有了願，就能產生力量，推動一個人，無怨無悔的做下去，不達目的絕不終止。成功的事業家依此，建立起自己的功德事業。諸佛菩薩也是因發願，依願行持，而得以成就莊嚴的佛國淨土。譬如：

阿彌陀佛發四十八大願

藥師佛發十二大願

地藏菩薩發「地獄不空，誓不成佛」之願

普賢菩薩發十大願

觀音菩薩發三十二應化身「應以何身得度者，即現何身而爲說法」之願……

禪修者應學習菩薩的發心，依個人的能力、條件，在四弘誓願的總願中，別立個人的別願。譬如我有力量，可以服務別人。我會寫文章，可以著書立說，弘揚佛法。

我會講話，可以說法度人迷津。我有錢財，可以布施，扶窮濟貧。我會看病，可以醫治病患。我會畫畫，可以繪畫，淨化人心……等，只要心懷慈悲濟世，任何能力都可利益人天。所以諸佛菩薩的願力個個不同，唯一相同的，就是令衆生遠離痛苦的束縛。

因此，禪修者在初發心時，應先檢察有否發起利濟衆生的悲願。是爲衆生而修行，還是爲個人的名聞利養、爲得到別人的恭敬稱讚、爲嫉妒別人比自己強、爲了鞏固勢力控制別人、爲了神通……等而修。古德云：「因地不眞、果遭紆曲。」行者若知謹愼，則道業日增，反之則誤入邪途，造作罪業，死墮惡道。可不愼乎！

二十五、坐禪時受到干擾應如何處理？

坐禪時，受到外來的干擾有幾種：

1自修時：電話鈴響，門鈴叮咚叫，家人呼喚，開關門窗，走路、上下樓梯聲，烹煮聲，被不知者推了一下，馬路傳來的汽車喇叭聲，廣播叫販聲，狗吠聲……等等干擾。

2共修時：維那或監香師父下的香板，鄰單不經意碰觸，同參發出的打嗝、放屁、換腿聲，……等。

面對如此衆多的干擾，可從二方面處理：

1外在因緣：

(1)初學者，應選擇安靜的場所，以避免不必要的人事干擾。

(2)要與家人協調，在參修的時間內，希望他們成就你的修行，代爲處理一切事務，及將聲響減至最低。

2內在觀念：

(1)應懺悔自己業障，爲何修持過程，干擾重重，是自己宿業所感，不應生瞋恨責怪之心，反省後，須將禪修功德回向一切衆生。

(2)視爲助緣，古德言：「逆境來時順境因」，應將種種干擾視爲考驗我們功夫的助緣，干擾來了，是爲境所轉？還是能轉境界？

(3)不迎不拒，隨他去！所謂「猶如木人看花鳥，何妨萬物假圍繞」來自它來，去任它去，如如不動。

(4)靜觀「干擾」，當下觀察干擾的「行相」，透視境界的「本質」，能知行相是因緣生滅的，會解本質是空無自性的，則所謂干擾，頓時成爲修發智慧的助緣，此項修持觀念極爲切要！

總之，逃避干擾是消極行爲，勇敢的面對境界才是積極的作法。《楞嚴經》言：「若能轉物，則同如來。」能善用智慧轉化，調伏妄念，自然不覺干擾存在。

二十六、業力與習禪的關係？

首先對「業」要有正確的認識；《俱舍光記》說：「造作爲業。」凡是身所做的事，口所說的話，心所想的念，都叫做「業」。業是由意志力的造作所遺留的痕跡，以記憶的方式儲存在阿賴耶識，累積多了即產生一股勢力，稱爲「業力。」

行者在禪修路上，會不斷發現業力的顯露，其實「禪修」的本身即是宿世善業的感發。善業能幫助我們成就道業；惡業則會干擾我們禪修，種種障礙，即是所謂的「業障」。有累世造的業，亦有今世造的業，這些儲存於八識田中的業種，在因緣相應時，會引發產生現在行爲，現在行爲造作的同時，又製造成爲新的業種（記憶），回薰八識田中，待來日因緣成熟，又引生現行，如是展轉相資（業種與現行互為因緣），輪迴不息。若善種多，所形成的即是「良性循環」，而生生世世感報善樂之果，倘惡種多，所形成的即是「惡性循環」，而生生世世感報惡苦之果。所以經云：「縱使百千劫，所造業不亡，因緣會遇時，果報還自受。」果報的現前是隨各人的過去善惡習慣、業的輕重、意念的染淨而感得的。

所以，禪修過程，若有「業障」現前，如身體的酸痲脹痛，心理的煩悶痛苦，皆應作「消業」想，如實的接受它、觀察它、放下它，切勿因業力的顯露，而起了瞋恨心，又種下了另一層的「業因」。如此循環不休，無有了期，則道業難成。

二十七、如何處理習禪所引發的業障？

1禮佛懺悔：「往昔所造諸惡業，皆由無始貪瞋癡；從身語意之所生，一切我今皆懺悔。」懺悔過去的種種不是，發願今後不再造。懺悔能令心性謙卑、柔和，滌浣污染的業種（記憶），是成就定慧的前行。

2廣結善緣：《鹽喻經》有一譬：說一撮鹽巴，放在一杯水裏，喝了就會覺得很苦；如將這些鹽巴投到湖泊裏，則不會感到鹹苦。鹽巴如同我們的惡業，清水如同善業。假使我們平時的善業做得不多，有一點業障，就會感覺很苦。如果平時常做善事、動善念，善業多了，善的力量強，業障就沒有因緣現前。業種要起現行，必須具備諸多因緣條件，只要一個因緣缺少了，結果就不會產生。因此我們必須多種善因，結善緣，凡能力所及之錢財、體力、語言、智慧，皆應隨緣布施給人。要常親近道場共修，護持三寶，以廣結善緣，自然能活得歡喜、快樂、自在。

3作觀空性：龍樹菩薩說：「因緣所生法，我說即是空。」世間的一切現象，都是因緣條件成立的，並無實在體性，所以是空無自性的。因此佛在《金剛經》說：「凡所有相皆是虛妄。」「菩薩應離一切相……應生無所住心。」過去，佛陀在因地修行，做忍辱仙人，為歌利王割解身體時，王問仙人：「你恨我嗎？」仙人說：「既無我何來怨恨？」那時，四天王及天龍八部齊來護法，被支解的肢體，又完好如故。歌利王大為恐懼，長跪懺悔求寬恕，並發願向善。仙人也發願說：「若得成佛，當先度你。」仙人即後來的佛陀，而歌利王即是佛陀最先度化五比丘中的憍陳如尊者。

以「緣起性空」的智慧，體察一切現象，則能夠發見宇宙人生的一切現象，都是依因托緣帶動而生起，無有實在體性：是無常、無我、空的如實相，即能見到虛假不實的事實眞相，則自然遠離顚倒夢想。

因此，處理業障，須從行爲的懺悔，及行善法功德的善種培養作起，更重要的是思想上要多聞薰習「無常」與「緣起性空」的法義；定課作禪時，須常以自我當下的「身心」，作爲禪觀對象，進行對無常、無我的體察，一旦開發出「般若智慧」，則業種乾枯，業障自亡。

二十八、運動、勞作與習禪的關係？

在禪修的過程依天台止觀，不外分爲調身、調息、調心，初學者注重在調身，老參則注重調心，身與心是相輔相成的。禪修的法門有很多，然而初學者卻得不到要領，除了《小止觀》談到須具五緣、呵五欲、棄五蓋、調五事、行五法外，運動、勞作與習禪的關係極爲密切，可分爲兩點說明：

1活絡筋骨，調和身心：食多欲睡，少食心慌，對修行者不宜，「飯後千步走，活到九十九」，運動是調節身體機能，幫助器官蠕動、消化食物的良方。禪修者更需要適當的運動，以幫助調身，活絡筋骨。

中國有許多傳承下來的運動：如達磨易筋操、八段錦、少林拳、香功、太極拳、外丹功……甚多，印度東來的瑜珈術等，以及登山慢跑，坊間一些氣功粗淺教授等等，現今五花八門，可視自己興趣、身體狀況擇一而學，以配合禪修調和身心。

2培養毅力與定力：行禪與拜佛是最佳運動，在運動時；收攝六根對六塵的攀緣，專心一意，扣住所緣，同樣兼有調身、息、心的功效。「動中磨鍊」可以訓練，面對「緣務」的身心更趨穩定、安詳、自在。

古時叢林禪修，有下田耕種、上山砍柴、水邊挑水……等出坡勞作，禪師們自食其力的修持，有「一日不作，一日不食」的精神道骨，於是毅力與定力自然養成。

二十九、坐禪時覺頭部脹痛，氣息上沖，應如何調適？

初學者最易產生的情況，根源在於：用力過猛、妄念紛飛、心浮氣燥，導致火氣上升。應如何處置？以下分爲七點說明：

1禪坐環境，空氣須流通，不宜直吹冷氣或電風扇。

水。

2注意飲食：少吃酸性、刺激性食物，以清淡為佳。應多吃蔬菜、水果、多喝開水。

3觀想放鬆身心：禪坐時，調身，從頭至腳，一一觀想每個骨節、肌肉放鬆，氣血順暢。

4數息調心：意守臍下三寸處或腳底，可使心火下降，腎水上升，調和身心。

5腳泡熱水，能幫助全身氣血順暢，放鬆身心。

6少欲、知足：「虛心就教」放下「我執」是良方。俗話說：「心中有事天地小，心中無事一床寬。」從前有一位犯人住在監獄裏，經常怨氣沖天，抱怨所住二坪地太小，吃、喝、拉、睡，都在裏面，有一次在睡覺時，被一隻蒼蠅吵得沒辦法睡，於是起床抓蒼蠅，但都抓不到，忽然覺得房間怎麼那麼大。由此可知，「知足常樂，心火自消」。

7多運動，拜佛禮懺（自然呼吸），可柔軟筋骨，也能使心地謙卑，長養慈心。

三十、坐禪時筋骨酸痛時怎麼辦？

飲食、運動不當及坐姿、睡姿不正確，在坐禪時會出現此情況，禪修者要注意，不宜食酸性食物，及甜度過高食物不可攝取太多（可多攝取維他命B群之食物，對筋骨有幫助）。運動或行香時注意腿部及脚底，不可拉力太大。若坐禪時覺得筋骨酸痛，如何處理？

1放下盤坐的雙脚，正襟危坐，腰部挺直，放鬆身心，待氣血流暢，酸痛消除，再盤腿上座。或可在放下脚後，由腰部向前傾，放鬆筋骨，同時慢慢呼吸，待氣血流暢，再盤腿上座。

2配合生理需求，調整坐墊高低，確實以「毘盧遮那佛七支坐法」調身。坐時不宜用力，以自然、舒適爲原則。

3專心一意，扣住所緣境，心一境性，突破酸痛，便得清涼。

4當我們生氣時，內分泌會產生酸性變化，淤塞血管，造成酸痛。所以在心理上，要脾氣慢半拍，凡事力求隨緣自在。

三十一、坐禪中為何會氣血不順暢，應如何改善？

禪修過程，不論「行、住、坐、臥」，有時會因為天氣寒冷，空氣不良，姿勢不正，飲食不當，睡眠失調，情緒不穩……等諸多因緣，而導致氣血不通暢，會有許多狀況產生，如嘔吐、反胃、冰冷、頭昏、腹脹、便秘……等痛苦困擾。身體是地水火風四大原素組合而成的，若有任何一種不調，皆會導致病痛。如何改善？

1勿使身心覺壓迫：心裏有牽掛，或坐姿不正皆會影響身體各部機能，若不清楚、了解，何者為正確的禪修方法，應請示善知識，虛心學習，打穩基礎。

2不要在污濁的空氣中坐禪，在家窗戶可以打開，使之流暢；若不便，須作「空調」處理。

3常作無常觀、無我觀，觀「諸法因緣生，諸法因緣滅」、「一切有為法，如夢幻泡影，如露亦如電，應作如是觀」。如此思惟，慢慢放下我執，心地柔軟，不計較、不比較，氣血自然順暢。

4若是本身原有疾病，產生氣血不順，須配合醫師指示按時用藥，再配合調身、調息、調心的禪修，即可避免逐漸改善。

5藥補不如食補，食補不如氣補，如何氣補？常保持專注、愉快即是，所謂「心中歡暢，常享豐延」。好思惟、分別、妄想、生氣，皆會引起氣血不暢，因此須常保持心平氣和，氣和則息均，息均則身心康泰。

三十二、坐禪時腰部、背部覺得疼痛，無法挺直，應如何調適？

身心調得好，才能安於禪修，但往往狀況頻頻：酸痛、疲倦、灰心、妄想、昏沈……等，應接不暇。關於腰部無力，背部無法挺直之患，除了身體的毛病外，縱慾過度，操勞、煩憂太過，也是原因之一，如何調適？

1如果太勞累，應休息，待精神好時再打坐。

2調好坐墊高低，勿使有壓力，坐時舒適自然、放鬆爲原則。

3檢查方法是否正確，按毘盧遮那佛七支坐法加以調適。

4檢查脊椎是否有變形，或受傷，給予妥善治療。

5調坐香、行香時間，行坐香之長短須調配恰當。

6以雙手搓熱腰背，作腹部收縮運動。

7元氣不足也會發生此狀況，應善養元氣——不攀緣，安住所緣境，令心不外散。

8注意飲食：身體缺乏蛋白質、維生素，腰部背部亦較不容易挺直，可多攝五穀雜糧，如糙米、大麥、小麥等。

三十三、女性逢生理期時可以坐禪嗎？

這必須視情況而定，若大量血崩或有其他疾病，致使無法提力，須休息，並保持安詳心境，勿使念頭紛飛，加諸疼痛，待一切平穩後再坐禪。

個人衛生很重要，坐禪前應檢視防範。飲食、睡眠要調理得當。若輕微，則不礙生活起居，只要勤加維持衛生習慣，衣著適宜即可。

坐禪時間可以稍減，坐姿以單盤、散盤或正襟危坐為宜。行禪時最好調慢調短，立禪不宜太長，臥禪如昔無妨，但注意衛生。

三十四、坐禪時發生血崩現象時怎麼辦？

女性每月生理期，乃是為孕育胎兒之準備，是正常的生理現象，若在坐禪當中適逢生理期，因身體的不適（疾病），才會有大量出血或血崩的現象發生。

1暫時停止坐禪，自然呼吸，愈慢愈好，放鬆身心，當身心安泰時，可舒鬆子宮之收縮，減少出血量。

2按摩穴位：以肚臍為主，往下四寸一個穴位，及肚臍往下的兩旁三寸處各有一個穴位，進行按摩，具有緩和出血的功效。

3熱敷處理：在做按摩時也可用熱毛巾敷腹部，以緩和子宮之舒張。

4做以上之處理後，若沒有改善，須即刻送醫急救。

三十五、女性懷孕時可以坐禪嗎？

見仁見智。禪修者，行住坐臥皆是禪。如果要坐禪，須依自我體質、環境，做適當的安排，盤坐時間不宜長，採正襟危坐之舒適、自然姿勢為佳，以不壓迫胎兒為原則，以免影響胎兒成長。

行禪不宜久，臥禪亦須小心胎位，聽經聞法無妨，但須多移動坐姿，以「胎兒」為念，並依醫師指示調理生活起居，在心理上應常保愉悅、謙和、慈悲，閑時多誦讀佛經，涉獵禪學，有益「胎教」。

常保持正念，住於寂靜，則時刻均在禪修，不須執著靜坐。

《中國佛教經典寶藏精選白話版》總目錄

藝　文　類		
1211	佛教新出碑文集粹	87年5月
1212	佛教文學對中國小說的影響	87年5月
雜　　類		
1213	佛遺教三經	87年5月
1214	大般涅槃經	85年9月
1215	地藏經 盂蘭盆經 父母恩重難報經	87年5月
1216	安般守意經	87年5月
1217	那先比丘經	87年5月
1218	大毘婆沙論	87年5月
1219	大乘大　章	85年9月
1220	因明入正理論	87年5月
1221	宗鏡錄	85年9月
1222	法苑珠林	87年5月
1223	經律異相	85年9月
1224	解脫道論	87年5月
1225	雜阿毘曇心論	87年5月
1226	弘一大師文集選	87年5月
1227	幻生文集選要	87年5月
1228	勸發菩提心文講話	87年5月
1229	佛經概說	87年5月
1230	佛教的女性觀	87年5月
1231	涅槃思想研究	87年5月
1232	佛學與科學論文集	87年5月

《中國佛教經典寶藏精選白話版》總目錄

1189	法句經	86年11月
1190	本生經的起源與開展	86年11月
1191	人間巧喻	86年11月
1192	大乘本生心地觀經	86年11月
史　傳　類		
1193	南海寄歸內法傳	87年5月
1194	入唐求法巡禮記	87年5月
1195	大唐西域記	87年5月
1196	比丘尼傳	85年9月
1197	弘明集	87年5月
1198	出三藏記集	85年9月
1199	牟子理惑論	85年9月
1200	佛國記	85年9月
1201	宋高僧傳	87年5月
1202	唐高僧傳	87年5月
1203	梁高僧傳	87年5月
1204	異部宗輪論	85年9月
1205	廣弘明集	87年5月
1206	輔教編	85年9月
1207	釋迦牟尼佛傳	87年5月
儀　制　類		
1208	中國佛教名山勝地寺誌	87年5月
1209	勅修百丈清規	87年5月
1210	洛陽伽藍記	87年5月

《中國佛教經典寶藏精選白話版》總目錄

1169	大乘起信論	85年9月
1170	成唯識論	86年11月
1171	唯識四論	87年5月
1172	佛性論	86年11月
1173	瑜伽師地論	86年11月
1174	攝大乘論	86年11月
1175	唯識史觀及其哲學	86年11月
1176	唯識三頌講記	86年11月
	秘　密　類	
1177	大日經	86年11月
1178	楞嚴經	85年9月
1179	金剛頂經	86年11月
1180	大佛頂首楞嚴經	86年11月
	小　乘　類	
1181	成實論	86年11月
1182	俱舍論	87年5月
	律　宗　類	
1183	佛說梵網經	86年11月
1184	四分律	86年11月
1185	戒律學綱要	86年11月
1186	優婆塞戒經	86年11月
	本　緣　類	
1187	六度集經	85年9月
1188	百喻經	86年11月

《中國佛教經典寶藏精選白話版》總目錄

1147	佛堂講話	86年11月
1148	信願念佛	86年11月
1149	精進佛七開示錄	86年11月
1150	往生有分	86年11月
	法　華　類	
1151	法華經	85年9月
1152	金光明經	85年9月
1153	天台四教儀	86年11月
1154	金剛錍	86年11月
1155	教觀綱宗	86年11月
1156	摩訶止觀	86年11月
1157	天台教學史	86年11月
	華　嚴　類	
1158	華嚴經	85年9月
1159	圓覺經	85年9月
116	華嚴五教章	86年11月
1161	華嚴金師子章	85年9月
1162	華嚴原人論	85年9月
1163	華嚴學	86年11月
1164	華嚴經講話	86年11月
	唯　識　類	
1165	解深密經	86年11月
1166	楞伽經	85年9月
1167	勝鬘經	86年11月
1168	十地經論	85年9月

《中國佛教經典寶藏精選白話版》
總目錄

《中國佛教經典寶藏精選白話版》總目錄

書號	書　　　　　　　　名	出版日期
	阿　含　類	
1101	中阿含經	86年4月
1102	長阿含經	86年4月
1103	增一阿含經	86年4月
1104	雜阿含經	86年4月
	般　若　類	
1105	金剛經	85年9月
1106	般若心經	86年4月
1107	大智度論	86年4月
1108	大乘玄論	86年4月
1109	十二門論	86年4月
1110	中論	86年4月
1111	百論	86年4月
1112	肇論	85年9月
1113	辯中邊論	86年4月
1114	空的哲理	86年4月
1115	金剛經講話	86年11月
	禪　宗　類	
1116	人天眼目	86年4月
1117	大慧普覺禪師語錄	86年4月
1118	六祖壇經	86年4月
1119	天童正覺禪師語錄	86年11月
1120	正法眼藏	86年4月

03005	藥師普佛(國語)	100	03401	回歸佛陀的時代弘法大會		100
03006	上佛供(國語)	100	03402	三寶頌(合唱)		100
03007	自由念佛號(國語)	100	03403	梵唄音樂弘法大會(上)(國語)		100
03008	七音佛號(國語)	100	03404	梵唄音樂弘法大會(下)(國語)		100
03009	懺悔文(國語)	100	03405	爐香讚		100
03010	觀世音菩薩普門品(台語)	100	03406	美滿姻緣		100
03011	七音佛號(台語)	100	03407	大慈大悲大願力		100
03012	觀世音菩薩聖號(國語)(心定法師敬誦)	100	03408	慈佑眾生		100
03013	六字大明咒(國語)(心定法師敬誦)	100	03409	佛光山之歌		100
03014	大悲咒(梵文)(心定法師敬誦)	100	03410	三寶頌(獨唱)		100
03015	大悲咒(國語)(心定法師敬誦)	100	03411	浴佛偈		100
03016	金剛般若波羅蜜經(台語)	100	03412	梵樂集(一)電子琴合成篇		200
03017	佛說阿彌陀經(台語)	100	03413	聖歌偈語		100
03018	彌陀聖號(國語)四字佛號(心定法師敬誦)	100	03414	梵音海潮音		200
03019	南無阿彌陀佛聖號(國語)六字佛號(心定法師敬誦)	100	03415	禪語空人心(兒童唱)		200
03020	觀世音菩薩聖號(海潮音)	100	03416	禪語空人心(成人唱)		200
03021	六字大明頌(國語)	100	03417	禮讚十方佛		100
03022	給人方便(國語)(心定法師敬誦)	100		**梵樂CD**		**定價**
03023	給人歡喜(國語)(心定法師敬誦)	200	04400	浴佛偈CD		300
	廣播劇錄音帶	**定價**		**弘法錄影帶**	**著者**	**定價**
03800	禪的妙用(一)(台語)	100	05000	(一)金剛經的般若生活(大帶)	星雲大師講	300
03801	禪的妙用(二)(台語)	100	05001	(二)金剛經的價值觀(大帶)	星雲大師講	300
03802	禪的妙用(三)(台語)	100	05002	(三)金剛經的四句偈(大帶)	星雲大師講	300
03803	禪的妙用(四)(台語)	100	05003	(四)金剛經的發心與修持(大帶)	星雲大師講	300
03804	童話集(一)	100	05004	(五)金剛經的無住生心(大帶)	星雲大師講	300
03805	兒童的百喻經	1200	05005	禮讚十方佛	叢林學院	300
	梵樂錄音帶	**定價**	05006	佛光山開山三十週年紀錄影片	王童執導	2卷1500
03400	佛教聖歌曲(國語)	100				

佛光有聲叢書目錄

星雲大師佛學講座有聲叢書		定價
00001	觀音法門(國語)	100
00003	般若波羅蜜多心經(國語)	16卷 800
00004	金剛般若波羅蜜經義解(國語)	26卷 1300
00005	六祖壇經1－6卷(國語)	300
00006	六祖壇經7－12卷(國語)	300
00007	六祖壇經13－18卷(國語)	300
00008	六祖壇經19－24卷(國語)	300
00009	六祖壇經25－30卷(國語)	300
00010	星雲禪話1－6卷(國語)	300
00011	星雲禪話7－12卷(國語)	300
00012	星雲禪話13－18卷(國語)	300
00013	星雲禪話19－24卷(國語)	300
00014	星雲禪話25－30卷(國語)	300
00015	星雲禪話31－36卷(國語)	300
00016	金剛經的般若生活(國、台語)	100
00017	金剛經的四句偈(國、台語)	100
00018	金剛經的價値觀(國、台語)	100
00019	金剛經的發心與修持(國、台語)	100
00020	金剛經的無住生心(國、台語)	100
00040	淨化心靈之道(國、台語)	100
00041	偉大的佛陀㈠(國、台語)	100
00042	偉大的佛陀㈡(國、台語)	100
00043	偉大的佛陀㈢(國、台語)	100
00044	佛教的致富之道(國語)	100
00045	佛教的人我之道(國語)	100
00046	佛教的福壽之道(國語)	100
00047	維摩其人及不思可議(國、台語)	100
00048	菩薩的病和聖者的心(國、台語)	100
00049	天女散花與香積佛飯(國、台語)	100
00050	不二法門的座談會(國、台語)	100
00051	人間淨土的內容(國、台語)	100
00052	禪淨律三修法門(禪修法門)(國、台語)	100
00053	禪淨律三修法門(淨修法門)(國、台語)	100
00054	禪淨律三修法門(律修法門)(國、台語)	100
00055	廿一世紀的訊息(國、台語)	100
00057	佛教的眞理是什麼(國、台語)	100
00058	法華經大意(國、台語)	6卷 300
00059	八大人覺經(國、台語)	100
00060	四十二章經(國、台語)	100
00061	佛遺教經(國、台語)	100
00062	八大人覺經十講(國語)	一書四卡 350
00063	心甘情願(國語)	6卷 450
00064	佛門親屬談(國、台語)	100

心定法師主講		定價
01014	佛教的神通與靈異(國語)	6卷 450
01015	談業力(台語)	100
01019	人生與業力(台語)	200
01021	如何照見五蘊皆空(國、台語)	200
01032	禪定與智慧(國語)	6卷 450

慈惠法師主講		定價
01000	佛經概說(台語)	6卷 450
01006	佛教入門(國、台語)	200
01011	人生行旅道如何(台語)	200
01012	人生所負重多少(台語)	200
01016	我與他(台語)	200

依空法師主講		定價
01001	法華經的經題與譯者(台語)	200
01002	法華經的譬喩與教理(台語)	200
01003	法華經的開宗立派(台語)	200
01004	法華經普門品與觀世音信仰(台語)	200
01005	法華經的實踐與感應(台語)	200
01007	禪在中國㈠(國語)	200
01008	禪在中國㈡(國語)	200
01009	禪在中國㈢(國語)	200
01010	普賢十大願(台語)	450
01013	幸福人生之道(國、台語)	200
01017	空慧自在(國語)	6卷 500
01020	尋找智慧的活水(國語)	200
01029	如何過淨行品的一天(國語)	100

依昱法師主講		定價
01018	楞嚴經大義(國語)	6卷 500

其　他		定價
01022	如何過無悔的一天：廖輝英(國語)	100
01023	如何過如意的一天：鄭石岩(國語)	100
01024	如何過自在圓滿的一天：林谷芳(國語)	100
01025	如何過看似無味的一天：吳念眞(國語)	100
01026	如何過法喜充滿的一天：蕭武桐(國語)	100
01027	如何過有禪意的一天：游乾桂(國語)	100
01028	如何過光明的一天：林淸玄(國語)	100

CD－ROM		定價
02000	佛光大辭典光碟版	600

梵唄錄音帶		定價
03000	佛光山梵唄	500
03001	早課普佛(國語)	100
03002	佛說阿彌陀經(國語)	100
03003	觀世音菩薩普門品(國語)	100
03004	彌陀普佛(國語)	100

CATALOG OF ENGLISH BOOKS

BUDDHIST SCRIPTURE		AUTHER	PRICE
A001	VERSES OF THE BUDDHA'S TEACHINGS（法句經）	VEN. KHANTIPALO THERA	150
A002	A GARLAND FOR THE FOOL（英譯百喻經）	LI RONGXI	140
SERIES OF VENERABLE MASTER HSING YUN'S LITERARY WORKS		**AUTHER**	**PRICE**
M101	HSING YUN'S CH'AN TALK(1)（星雲禪話1）	VEN.MASTER HSING YUN	180
M102	HSING YUN'S CH'AN TALK(2)（星雲禪話2）	VEN.MASTER HSING YUN	180
M103	HSING YUN'S CH'AN TALK(3)（星雲禪話3）	VEN.MASTER HSING YUN	180
M104	HSING YUN'S CH'AN TALK(4)（星雲禪話4）	VEN.MASTER HSING YUN	180
M105	HANDING DOWN THE LIGHT（傳燈）	FU CHI-YING	360
M106	CON SUMO GUSTO（心甘情願西班牙文版）	VEN.MASTER HSING YUN	100

8612	童話畫(第二輯)	釋心寂編	350	8904	彌蘭遊記(漫畫)	蘇晉儀繪	80
8621-01	窮人逃債·阿凡和黃鼠狼	潘人木改寫	220	8905	不愛江山的國王(漫畫)	蘇晉儀繪	80
8621-02	半個銅錢·水中撈月	洪志明改寫	220	8906	鬼子母(漫畫)	余明苑繪	120
8621-03	王大寶買東西·不簡單先生	管家琪改寫	220		**工具叢書**	**著者**	**定價**
8621-04	睡半張床的人·陶器師傅	洪志明改寫	220	9000	雜阿含·全四册(恕不退貨)	佛光山編	2000
8621-05	多多的羊·只要蓋三樓	黃淑萍改寫	220	9016	阿含藏·全套附索引共17册(恕不退貨)	佛光山編	8000
8621-06	甘蔗汁澆甘蔗·好味道變苦味道	謝武彰改寫	220	9067	禪藏·全套附索引共51册(恕不退貨)	佛光山編	36,000
8621-07	兩兄弟·大呆吹牛	管家琪改寫	220	9109	般若藏	佛光山編	30,000
8621-08	遇鬼記·好吃的梨	洪志明改寫	220	9110	淨土藏	佛光文化編	排印中
8621-09	阿威和強盜·花鴿子與灰鴿子	黃淑萍改寫	220	9200	中英佛學辭典	佛光文化編	500
8621-10	誰是大笨蛋·小猴子認爸爸	方素珍改寫	220	9201B	佛光大辭典(恕不退貨)	佛光山編	6000
8621-11	偷牛的人·猴子扔豆子	林良改寫	220	9300	佛教史年表	佛光文化編	450
8621-12	只要吃半個·小黃狗種饅頭	方素珍改寫	220	9501	世界佛教青年會1985年學術會議實錄	佛光山編	400
8621-13	大西瓜·阿土伯種麥	陳木城改寫	220	9502	世界顯密佛學會議實錄	佛光山編	500
8621-14	半夜鬼推鬼·小白和小烏龜	謝武彰改寫	220	9503	世界佛教徒友誼會第十六屆大會 佛光山美國西來寺落成典禮暨傳戒法會紀念特刊	佛光山編	500
8621-15	蔡寶不洗澡·阿土和駱駝	王金選改寫	220	9504	世界佛教徒友會第十六屆大會暨 世界佛教青年友誼會第七屆大會實錄	佛光山編	紀念藏
8621-16	看門的人·砍樹摘果子	潘人木改寫	220	9505	佛光山1989年國際禪學會議實錄	佛光山編	紀念藏
8621-17	愚人擠驢奶·顛三和倒四	馬景賢改寫	220	9506	佛光山1990年佛教學術會議實錄	佛光山編	紀念藏
8621-18	分大餅·最寶貴的東西	杜榮琛改寫	220	9507	佛光山1990年國際佛教學術會論文集	佛光山編	紀念藏
8621-19	黑馬變白馬·銀鉢在哪裏	釋慧慶改寫	220	9508	佛光山1991年國際佛教學術會論文集	佛光山編	紀念藏
8621-20	樂昏了頭·沒腦袋的阿福	周慧珠改寫	220	9509	世界佛教徒友會第十八屆大會暨 世界佛教青年友誼會第九屆大會實錄	佛光山編	紀念藏
8700	新編佛教童話集(一)～(七)	摩迦等著	(一套)600	9511	世界傑出婦女會議特刊	佛光山編	紀念藏
8702	佛教故事大全(上)	釋慈莊等著	250	9600	跨世紀的悲欣歲月—走過台灣佛教五十年寫眞		1500
8703	化生王子(童話)	釋宗融著	150	9700	抄經本	佛光山編	100
8704	佛教故事大全(下)	釋慈莊等著	250	9701	般若波羅蜜多心經抄經本	潘慶忠書	100
8800	佛陀的一生(漫畫)	TAKAHASHI著	120	9202	佛說阿彌陀經抄經本	戴德書	100
8801	大願地藏王菩薩畫傳(漫畫)	許貿淞繪	300	9703	妙法蓮華經觀世音菩薩普門品抄經本	戴德書	100
8802	菩提達磨(漫畫)	佛光文化譯	100		**法器文物**	**著者**	**定價**
8803	極樂與地獄(漫畫)	釋心寂繪	180	0900	陀羅尼經被(單)	本社製	1000
8804	王舍城的故事(漫畫)	釋心寂繪	250	0901	陀羅尼經被(雙)	本社製	2000
8805	僧伽的光輝(漫畫)	黃耀傑等繪	150	0950	佛光山風景明信片	本社製	60
8806	南海觀音大士(漫畫)	許貿淞繪	300				
8807	玉琳國師(漫畫)	劉素珍等繪	200				
8808	七譬喻(漫畫)	黃麗娟繪	180				
8809	鳩摩羅什(漫畫)	黃耀傑等繪	160				
8811	金山活佛(漫畫)	黃壽忠繪	270				
8812	隱形佛(漫畫)	郭幸鳳繪	180				
8813	漫畫心經	蔡志忠繪	140				
8814	畫說十大弟子(上)(漫畫)	郭豪允繪	270				
8815	畫說十大弟子(下)(漫畫)	郭豪允繪	270				
8900	槃達龍王(漫畫)	黃耀傑等繪	120				
8901	富人與鼈(漫畫)	鄧博文等繪	120				
8902	金盤(漫畫)	張乃元等繪	120				
8903	捨身的兎子(漫畫)	洪義男繪	120				

5906	佛教氣功百問	陳　兵著	180
5907	佛教禪宗百問	潘桂明著	180
5908	道教氣功百問	陳　兵著	180
5909	道教知識百問	盧國龍著	180
5911	禪詩今譯百首	王志遠等著	180
5912	印度宗教哲學百問	姚衛羣著	180
5913	基督教知識百問	樂　峰等著	180
5914	伊斯蘭教歷史百問	沙秋眞等著	180
5915	伊斯蘭教文化百問	馮今源等著	180

儀制叢書		著者	定價
6000	宗教法規十講	吳堯峰著	400
6001	梵唄課誦本	佛光文化編	50
6500	中國佛教與社會福利事業	道瑞良秀著	100
6700	無聲息的歌息	星雲大師著	100

用世叢書		著者	定價
7501	佛光山靈異錄(一)	釋依空等著	100
7502	怎樣做個佛光人	星雲大師著	50
7505	佛光山開山二十週年紀念特刊	佛光山編	紀念藏
7510	佛光山開山三十週年紀念特刊	佛光山編	10000
7700	念佛四大要訣	戀西大師著	80
7800	跨越生命的藩籬—佛教生死學	吳東權等著	150
7801	禪的智慧vs現代管理	蕭武桐著	150
7802	遠颺的梵唱—佛教在亞細亞	鄭振煌等著	160
7803	如何解脫人生病苦—佛教養生學	胡秀卿著	150

藝文叢書		著者	定價
8000	覷紅塵(散文)	方　杞著	120
8001	以水爲鑑(散文)	張培耕著	100
8002	萬壽日記(散文)	釋慈怡著	80
8003	敬告佛子書(散文)	釋慈嘉著	120
8004	善財五十三參	鄭秀雄著	150
8005	第一聲蟬嘶(散文)	忻　愉著	100
8006	聖僧與賢王對答錄	釋依淳著	250
8007	禪的修行生活—雲水日記	佐藤義英著	180
8008	生活的廟宇(散文)	王靜蓉著	120
8009	人生禪(一)	方　杞著	140
8010	人生禪(二)	方　杞著	140
8011	佛教說話文學全集(一)	劉欣如改寫	150
8012	佛教說話文學全集(二)	劉欣如改寫	150
8013	佛教說話文學全集(三)	劉欣如改寫	150
8014	佛教說話文學全集(四)	劉欣如改寫	150
8015	佛教說話文學全集(五)	劉欣如改寫	150
8017	佛教說話文學全集(七)	劉欣如改寫	150
8018	佛教說話文學全集(八)	劉欣如改寫	150
8019	佛教說話文學全集(九)	劉欣如改寫	150
8020	佛教說話文學全集(十)	劉欣如改寫	150
8021	佛教說話文學全集(十一)	劉欣如改寫	150
8022	人生禪(三)	方　杞著	140
8023	人生禪(四)	方　杞著	140
8024	紅樓夢與禪	圓　香著	120
8025	回歸佛陀的時代	張培耕著	100
8026	佛踪萬里紀遊	張培耕著	100
8028	一鉢山水錄(散文)	釋宏意著	120
8029	人生禪(五)	方　杞著	140
8030	人生禪(六)	方　杞著	140
8031	人生禪(七)	方　杞著	140
8032	人生禪(八)	方　杞著	140
8033	人生禪(九)	方　杞著	140
8034	人生禪(十)	方　杞著	140
8035	擦亮心燈	鄭佩佩著	180
8036	豐富小宇宙	王靜容著	170
8037	與心對話	釋依昱著	180
8100	僧伽(佛教散文選第一集)	簡　媜等著	120
8101	情緣(佛教散文選第二集)	琦　君等著	120
8102	半是青山半白雲(佛教散文選第三集)	林清玄等著	150
8103	宗月大師(佛教散文選第四集)	老　舍等著	120
8104	大佛的沉思(佛教散文選第五集)	許墨林等著	140
8200	悟(佛教小說選第一集)	孟　瑤等著	120
8201	不同的愛(佛教小說選第二集)	星雲大師等著	120
8204	蟠龍山(小說)	康　白著	120
8205	緣起緣滅(小說)	康　白著	150
8207	命命鳥(佛教小說選第五集)	許地山等著	140
8208	天寶寺傳奇(佛教小說選第六集)	姜天民等著	140
8209	地獄之門(佛教小說選第七集)	陳望塵等著	140
8210	黃花無語(佛教小說選第八集)	程乃珊等著	140
8211	華雲奇緣	李芳益著	220
8220	心靈的畫師(小說)	陳慧劍著	100
8300	佛教聖歌集	佛光文化編	300
8301	童韻心聲	高惠美等編	120
8303	利器之輪—修心法要	法護大師著	160
8350	絲路上的梵歌	梁丹丰著	170
8400	海天遊踪	星雲大師著	200
8500	禪話禪畫	星雲大師著	750
8550	諦聽	王靜蓉等著	160
8551	感動的世界(筆記書)—星雲大師的生活智慧	佛光文化編	180

童話漫畫叢書		著者	定價
8601	童話書(第一輯)	釋宗融編	700
8602	童話書(第二輯)	釋宗融編	850
8611	童話畫(第一輯)	釋心寂編	350

5115	老二哲學—星雲百語㈢	星雲大師著	100	5514	禪宗思想的形成與發展	洪修平著	200
5201	星雲日記㈠——安然自在	星雲大師著	150	5515	晚唐臨濟宗思想評述	杜寒風著	220
5202	星雲日記㈡——創造全面的人生	星雲大師著	150	5516	毫端舍利－弘一法師出家前後書法風格之比較	李璧苑著	250
5203	星雲日記㈢——不負西來意	星雲大師著	150	5600	一句偈㈠	星雲大師等著	150
5204	星雲日記㈣——凡事超然	星雲大師著	150	5601	一句偈㈡	鄭石岩等著	150
5205	星雲日記㈤——人忙心不忙	星雲大師著	150	5602	善女人	宋雅姿等著	150
5206	星雲日記㈥——不請之友	星雲大師著	150	5603	善男子	傅偉勳等著	150
5207	星雲日記㈦——找出內心平衡點	星雲大師著	150	5604	生活無處不是禪	鄭石岩等著	150
5208	星雲日記㈧——慈悲不是定點	星雲大師著	150	5605	佛教藝術的傳人	陳清香等著	160
5209	星雲日記㈨——觀心自在	星雲大師著	150	5606	與永恆對唱—細說當代傳奇人物	釋永芸等著	160
5210	星雲日記㈩——勤耕心田	星雲大師著	150	5607	疼惜阮青春—琉璃人生①	王靜蓉等著	150
5211	星雲日記(十一)——菩薩情懷	星雲大師著	150	5608	三十三天天外天—琉璃人生②	林清玄等著	150
5212	星雲日記(十二)——處處無家處處家	星雲大師著	150	5609	平常歲月平常心—琉璃人生③	薇薇夫人等著	150
5213	星雲日記(十三)——法無定法	星雲大師著	150	5610	九霄雲外有神仙—琉璃人生④	夏元瑜等著	150
5214	星雲日記(十四)——說忙說閒	星雲大師著	150	5611	生命的活水㈠	陳履安等著	160
5215	星雲日記(十五)——緣滿人間	星雲大師著	150	5612	生命的活水㈡	高希均等著	160
5216	星雲日記(十六)——禪的妙用	星雲大師著	150	5613	心行處滅—禪宗的心靈治療個案	黃文翔著	150
5217	星雲日記(十七)——不二法門	星雲大師著	150	5614	水晶的光芒(上)	仲南萍等著	200
5218	星雲日記(十八)——把心找回來	星雲大師著	150	5615	水晶的光芒(下)	潘煊等著	200
5219	星雲日記(十九)——談心接心	星雲大師著	150	5616	全新的一天	廖輝英等著	150
5220	星雲日記(二十)——談空說有	星雲大師著	150	5700	譬喻	釋性瀅著	120
5221S	星雲日記㈢－㈣	星雲大師著	(一套)3600	5701	星雲說偈㈠	星雲大師著	150
5400	覺世論叢	星雲大師著	100	5702	星雲說偈㈡	星雲大師著	150
5402	雲南大理佛教論文集	藍吉富等著	350	5707	經論指南—藏經序文選譯	圓香等著	200
5403	湯用彤全集㈠	湯用彤著	排印中	5800	1976年佛學研究論文集	東初長老等著	350
5404	湯用彤全集㈡	湯用彤著	排印中	5801	1977年佛學研究論文集	楊白衣等著	350
5405	湯用彤全集㈢	湯用彤著	排印中	5802	1978年佛學研究論文集	印順長老等著	350
5406	湯用彤全集㈣	湯用彤著	排印中	5803	1979年佛學研究論文集	霍韜晦等著	350
5407	湯用彤全集㈤	湯用彤著	排印中	5804	1980年佛學研究論文集	張曼濤等著	350
5408	湯用彤全集㈥	湯用彤著	排印中	5805	1981年佛學研究論文集	程兆熊等著	350
5409	湯用彤全集㈦	湯用彤著	排印中	5806	1991年佛學研究論文集	鎌田茂雄等著	350
5410	湯用彤全集㈧	湯用彤著	排印中	5807	1992年佛學研究論文集—中國歷史上的佛教問題		400
5411	我看美國人	釋慈容著	250	5808	1993年佛學研究論文集—佛教未來前途之開展		350
5503	本生經的起源及其開展	釋依淳著	200	5809	1994年佛學研究論文集㈠—佛與花		400
5504	六波羅蜜的研究	釋依日著	120	5810	1995年佛學研究論文集㈡—佛教現代化		400
5505	禪宗無門關重要公案之研究	楊新瑛著	150	5811	1996年佛學研究論文集㈠—當代台灣的社會與宗教		350
5506	原始佛教四諦思想	聶秀藻著	120	5812	1996年佛學研究論文集㈡—當代宗教理論的省思		350
5507	般若與玄學	楊俊誠著	150	5813	1996年佛學研究論文集㈢—當代宗教的發展趨勢		350
5508	大乘佛教倫理思想研究	李明芳著	120	5814	1996年佛學研究論文集㈣—佛教思想的當代詮釋		350
5509	印度佛教蓮花紋飾之探討	郭乃彰著	120	5900	佛教歷史百問	業露華著	180
5510	淨土三系之研究	廖閱鵬著	120	5901	佛教文化百問	何雲著	180
5511	佛教文學對中國小說的影響	釋永祥著	120	5902	佛教藝術百問	丁明夷等著	180
5512	佛教的女性觀	釋永明著	120	5904	佛教典籍百問	方廣錩著	180
5513	盛唐詩與禪	姚儀敏著	150	5905	佛教密宗百問	李冀誠等著	180

3201	十大弟子傳	星雲大師著	150	3672	僧祐大傳(中國佛教高僧全集26)	章義和著	250
3300	中國禪	鎌田茂雄著	150	3648	雲門大師傳(中國佛教高僧全集27)	李安綱著	250
3301	中國禪祖師傳(上)	曾普信著	150	3633	達摩大師傳(中國佛教高僧全集28)	程世和著	250
3302	中國禪祖師傳(下)	曾普信著	150	3667	懷素大師傳(中國佛教高僧全集29)	劉明立著	250
3303	天台大師	宮崎忠尚著	130	3688	世親大師傳(中國佛教高僧全集30)	李利安著	250
3304	十大名僧	洪修平著	150	3625	印光大師傳(中國佛教高僧全集31)	李向平著	250
3305	人間佛教的星雲—星雲大師行誼(一)	佛光文化著	150	3634	慧可大師傳(中國佛教高僧全集32)	李修松著	250
3400	玉琳國師	星雲大師著	130	3646	臨濟大師傳(中國佛教高僧全集33)	吳言生著	250
3401	緇門崇行錄	蓮池大師著	120	3666	道宣大師傳(中國佛教高僧全集34)	王亞榮著	250
3402	佛門佳話	月基法師著	150	3643	趙州從諗大師傳(中國佛教高僧全集35)	陳白夜著	250
3403	佛門異記(一)	煮雲法師著	180	3662	清涼澄觀大師傳(中國佛教高僧全集36)	李恕豪著	250
3404	佛門異記(二)	煮雲法師著	180	3678	佛陀耶舍大師傳(中國佛教高僧全集37)	張新科著	250
3405	佛門異記(三)	煮雲法師著	180	3700	日本禪僧涅槃記(上)	曾普信著	150
3406	金山活佛	煮雲法師著	130	3701	日本禪僧涅槃記(下)	曾普信著	150
3407	無著與世親	木村園江著	130	3702	仙崖禪師軼事	石村善右著	100
3408	弘一大師與文化名流	陳星著	150	3900	印度佛教史概說	佐佐木教悟等著	170
3500	皇帝與和尚	煮雲法師著	130	3901	韓國佛教史	愛宕顯昌著	100
3501	人間情味—豐子愷傳	陳星著	180	3902	印度教與佛教史綱(一)	查爾斯·埃利奧特著	300
3502	豐子愷的藝術世界	陳星著	160	3903	印度教與佛教史綱(二)	查爾斯·埃利奧特著	300
3600	玄奘大師傳(中國佛教高僧全集1)	圓香著	350	3905	大史(上)	摩訶那摩等著	350
3601	鳩摩羅什大師傳(中國佛教高僧全集2)	宣建人著	250	3906	大史(下)	摩訶那摩等著	350
3602	法顯大師傳(中國佛教高僧全集3)	陳白夜著	250		**教理叢書**	**著者**	**定價**
3603	惠能大師傳(中國佛教高僧全集4)	陳南燕著	250	4002	中國佛教哲學名相選釋	吳汝鈞著	140
3604	蓮池大師傳(中國佛教高僧全集5)	項冰如著	250	4003	法相	釋慈莊著	250
3605	鑑真大師傳(中國佛教高僧全集6)	傅傑著	250	4200	佛教中觀哲學	梶山雄一著	140
3606	曼殊大師傳(中國佛教高僧全集7)	陳星著	250	4201	大乘起信論講記	方倫著	140
3607	寒山大師傳(中國佛教高僧全集8)	薛家柱著	250	4202	觀心·開心—大乘百法明門論解說1	釋依昱著	220
3608	佛圖澄大師傳(中國佛教高僧全集9)	葉斌著	250	4203	知心·明心—大乘百法明門論解說2	釋依昱著	200
3609	智者大師傳(中國佛教高僧全集10)	王仲堯著	250	4205	空入門	梶山雄一著	170
3610	寄禪大師傳(中國佛教高僧全集11)	周維強著	250	4300	唯識哲學	吳汝鈞著	140
3611	憨山大師傳(中國佛教高僧全集12)	項東著	250	4301	唯識三頌講記	方倫著	140
3657	懷海大師傳(中國佛教高僧全集13)	華鳳蘭著	250	4302	唯識思想要義	徐典正著	140
3661	法藏大師傳(中國佛教高僧全集14)	王仲堯著	250	4700	眞智慧之門	侯秋東著	140
3632	僧肇大師傳(中國佛教高僧全集15)	張強著	250		**文選叢書**	**著者**	**定價**
3617	慧遠大師傳(中國佛教高僧全集16)	傅紹良著	250	5001	星雲大師講演集(一)	星雲大師著	300
3679	道安大師傳(中國佛教高僧全集17)	龔雋著	250	5004	星雲大師講演集(四)	星雲大師著	300
3669	紫柏大師傳(中國佛教高僧全集18)	張國紅著	250	5101	星雲禪話(一)	星雲大師著	150
3656	圜悟克勤大師傳(中國佛教高僧全集19)	吳言生著	250	5102	星雲禪話(二)	星雲大師著	150
3676	安世高大師傳(中國佛教高僧全集20)	趙福蓮著	250	5103	星雲禪話(三)	星雲大師著	150
3681	義淨大師傳(中國佛教高僧全集21)	王亞榮著	250	5104	星雲禪話(四)	星雲大師著	150
3684	眞諦大師傳(中國佛教高僧全集22)	李利安著	250	5107	星雲法語(一)	星雲大師著	150
3680	道生大師傳(中國佛教高僧全集23)	楊維中著	250	5108	星雲法語(二)	星雲大師著	150
3693	弘一大師傳(中國佛教高僧全集24)	陳星著	250	5113	心甘情願—星雲百語(一)	星雲大師著	100
3671	讀體見月大師傳(中國佛教高僧全集25)	溫金玉著	250	5114	皆大歡喜—星雲百語(二)	星雲大師著	100

1183	佛說梵網經	季芳桐釋譯	200	1227	滄海文集選集	釋 幻 生著	200
1184	四分律	溫金玉釋譯	200	1228	勸發菩提心文講話	釋 聖 印著	不零售
1185	戒律學綱要	釋 聖 嚴著	不零售	1229	佛經概說	釋 慈 惠著	200
1186	優婆塞戒經	釋 能 學著	不零售	1230	佛教的女性觀	釋 永 明著	不零售
1187	六度集經	梁曉虹釋譯	200	1231	涅槃思想研究	張 曼 濤著	不零售
1188	百喻經	屠友祥釋譯	200	1232	佛學與科學論文集	梁乃崇等著	200
1189	法句經	吳根友釋譯	200	1300	法華經教釋	太虛大師著	300
1190	本生經的起源及其開展	釋 依 淳著	不零售	1301	觀世音菩薩普門品講話	森下大圓著	150
1191	人間巧喻	釋 依 空著	200	1600	華嚴經講話	鎌田茂雄著	220
1192	大乘本生心地觀經	圓 香 著	不零售	1700	六祖壇經註釋	唐 一 玄著	180
1193	南海寄歸內法傳	華 濤 釋譯	200	1800	金剛經及心經釋義	張 承 斌著	100
1194	入唐求法巡禮記	潘 平 釋譯	200	1805	金剛般若波羅蜜經講話	釋 竺 摩著	150
1195	大唐西域記	王邦維釋譯	200		**概論叢書**	**著者**	**定價**
1196	比丘尼傳	朱良志‧詹緒左釋譯	200	2000	八宗綱要	凝然大德著	200
1197	弘明集	吳 遠 釋譯	200	2001	佛學概論	蔣 維 喬著	130
1198	出三藏記集	呂有祥釋譯	200	2002	佛教的起源	楊 曾 文著	130
1199	牟子理惑論	梁慶寅釋譯	200	2003	佛道詩禪	賴 永 海著	180
1200	佛國記	吳玉貴釋譯	200	2100	佛家邏輯研究	霍 韜 晦著	150
1201	宋高僧傳	賴永海‧張華釋譯	200	2101	中國佛性論	賴 永 海著	250
1202	唐高僧傳	賴永海釋譯	200	2102	中國佛教文學	加地哲定著	180
1203	梁高僧傳	賴永海釋譯	200	2103	敦煌學	鄭 金 德著	180
1204	異部宗輪論	姚治華釋譯	200	2104	宗教與日本現代化	村上重良著	150
1205	廣弘明集	鞏本棟釋譯	200	2200	金剛經靈異	張 少 齊著	140
1206	輔教編	張宏生釋譯	200	2201	佛與般若之眞義	圓 香著	120
1207	釋迦牟尼佛傳	星雲大師著	不零售	2300	天台思想入門	鎌田茂雄著	120
1208	中國佛教名山勝地寺志	林繼中釋譯	200	2301	宋初天台佛學窺豹	王 志 遠著	150
1209	勅修百丈清規	謝重光釋譯	200	2401	談心說識	釋 依 昱著	160
1210	洛陽伽藍記	曹 虹釋譯	200	2500	淨土十要(上)	蕅益大師選	180
1211	佛教新出碑志集粹	丁明夷釋譯	200	2501	淨土十要(下)	蕅益大師選	180
1212	佛教文學對中國小說的影響	釋 永 祥著	不零售	2700	頓悟的人生	釋 依 空著	150
1213	佛遺教三經	藍 天釋譯	200	2800	現代西藏佛教	鄭 金 德著	300
1214	大般涅槃經	高振農釋譯	200	2801	藏學零墨	王 堯著	150
1215	地藏本願經外二部	陳利權‧伍玲玲釋譯	200	2803	西藏文史考信集	王 堯著	240
1216	安般守意經	杜繼文釋譯	200	2804	西藏佛教密宗	李 冀 誠著	150
1217	那先比丘經	吳根友釋譯	200	2805	西藏佛教之寶	許 明 銀著	280
1218	大毘婆沙論	徐醒生釋譯	200		**史傳叢書**	**著者**	**定價**
1219	大乘大義章	陳揚炯釋譯	200	3000	中國佛學史論	褚 柏 思著	120
1220	因明入正理論	宋立道釋譯	200	3001	唐代佛教	外因斯坦著	排印中
1221	宗鏡錄	潘桂明釋譯	200	3002	中國佛教通史(第一卷)	鎌田茂雄著	250
1222	法苑珠林	王邦維釋譯	200	3003	中國佛教通史(第二卷)	鎌田茂雄著	250
1223	經律異相	白化文‧李鼎霞釋譯	200	3004	中國佛教通史(第三卷)	鎌田茂雄著	250
1224	解脫道論	黃夏年釋譯	200	3005	中國佛教通史(第四卷)	鎌田茂雄著	250
1225	雜阿毘曇心論	蘇 軍釋譯	200	3100	中國禪宗史話	褚 柏 思著	120
1226	弘一大師文集選要	弘一大師著	200	3200	釋迦牟尼佛傳	星雲大師著	180

佛光叢書目錄

⊙價格如有更動，以版權頁為準

經典叢書		著者	定價
1000	八大人覺經十講	星雲大師著	120
1001	圓覺經自課	唐 一 玄著	120
1002	地藏經講記	釋 依 瑞著	250
1003	金剛經講話	星雲大師著	500
1005	維摩經講話	釋 竺 摩著	200
1101	中阿含經	梁曉虹釋譯	200
1102	長阿含經	陳永革釋譯	200
1103	增一阿含經	耿 敬釋譯	200
1104	雜阿含經	吳 平釋譯	200
1105	金剛經	程恭讓釋譯	200
1106	般若心經	程恭讓·東初釋譯	不零售
1107	大智度論	郟廷礎釋譯	200
1108	大乘玄論	邱高興釋譯	200
1109	十二門論	周學農釋譯	200
1110	中論	韓廷傑釋譯	200
1111	百論	強 昱釋譯	200
1112	肇論	洪修平釋譯	200
1113	辯中邊論	魏德東釋譯	200
1114	空的哲理	道安法師著	200
1115	金剛經講話	星雲大師著	不零售
1116	人天眼目	方 銘釋譯	200
1117	大慧普覺禪師語錄	潘桂明釋譯	200
1118	六祖壇經	李 申釋譯	200
1119	天童正覺禪師語錄	杜寒風釋譯	200
1120	正法眼藏	董 羣釋譯	200
1121	永嘉證道歌·信心銘	何勁松·釋弘憫釋譯	200
1122	祖堂集	葛兆光釋譯	200
1123	神會語錄	邢東風釋譯	200
1124	指月錄	吳相洲釋譯	200
1125	從容錄	董 羣釋譯	200
1126	禪宗無門關	魏道儒釋譯	200
1127	景德傳燈錄	張 華釋譯	200
1128	碧巖錄	任澤鋒釋譯	200
1129	緇門警訓	張學智釋譯	200
1130	禪林寶訓	徐小躍釋譯	200
1131	禪林象器箋	杜曉勤釋譯	200
1132	禪門師資承襲圖	張春波釋譯	200
1133	禪源諸詮集都序	閻 韜釋譯	200
1134	臨濟錄	張伯偉釋譯	200
1135	來果禪師語錄	來果禪師著	200
1136	中國佛學特質在禪	太虛大師著	200
1137	星雲禪話	星雲大師著	200
1138	禪話與淨話	方 倫著	200
1139	釋禪波羅蜜次第法門	黃 連 忠著	200
1140	般舟三昧經	吳立民·徐蓀銘釋譯	200
1141	淨土三經	王月清釋譯	200
1142	佛說彌勒上生下生經	業露華釋譯	200
1143	安樂集	業露華釋譯	250
1144	萬善同歸集	袁家耀釋譯	200
1145	維摩詰經	賴永海釋譯	200
1146	藥師經	陳利權·釋竺摩等釋譯	200
1147	佛堂講話	道源法師著	200
1148	信願念佛	印光大師著	200
1149	精進佛七開示錄	煮雲法師著	200
1150	往生有分	妙蓮長老著	200
1151	法華經	董 羣釋譯	200
1152	金光明經	張文良釋譯	200
1153	天台四教儀	釋永本釋譯	200
1154	金剛錍	王志遠釋譯	200
1155	教觀綱宗	王志遠釋譯	200
1156	摩訶止觀	王雷泉釋譯	200
1157	法華思想	平川彰等著	200
1158	華嚴經	高振農釋譯	200
1159	圓覺經	張保勝釋譯	200
1160	華嚴五教章	徐紹強釋譯	200
1161	華嚴金師子章	方立天釋譯	200
1162	華嚴原人論	李錦全釋譯	200
1163	華嚴學	龜川敎信著	200
1164	華嚴經講話	鎌田茂雄著	不零售
1165	解深密經	程恭讓釋譯	200
1166	楞伽經	賴永海釋譯	200
1167	勝鬘經	王海林釋譯	200
1168	十地經論	魏常海釋譯	200
1169	大乘起信論	蕭萐父釋譯	200
1170	成唯識論	韓廷傑釋譯	200
1171	唯識四論	陳 鵬釋譯	200
1172	佛性論	龔 雋釋譯	200
1173	瑜伽師地論	王海林釋譯	200
1174	攝大乘論	王 健釋譯	200
1175	唯識史觀及其哲學	釋 法 舫著	不零售
1176	唯識三頌講記	于 凌 波著	200
1177	大日經	呂建福釋譯	200
1178	楞嚴經	李富華釋譯	200
1179	金剛頂經	夏金華釋譯	200
1180	大佛頂首楞嚴經	圓 香著	不零售
1181	成實論	陸玉林釋譯	200
1182	俱舍要義	楊 白 衣著	200

安般守意經

中國佛教經典寶藏
精選白話版・安般守意經

□總　監　修□星雲大師
□發　行　人□佛光山宗務委員會
心定和尚　慈莊法師　慈惠法師　慈容法師　慈嘉法師
依嚴法師　依恆法師　依空法師　依淳法師
□一九九七年九月初版
一九九八年十一月初版三刷

□總　編　輯□慈惠法師　依空法師〔臺灣〕
王志遠　賴永海〔大陸〕
□總　連　絡□吉廣輿　王淑慧
□釋　譯　者□杜繼文
□美術編輯□陳婉玲
□法律顧問□蘇盈貴　舒建中　毛英富律師
□出　版　者□佛光文化事業有限公司
台北縣三重市三和路三段一一七號　☎（〇二）二九八〇〇二六〇
E-mail:fgce@ms25.hinet.net
網址...http://www.foguang-culture.com.tw
高雄縣大樹鄉佛光山寺　☎（〇七）六五六四〇三八—九
□流　通　處□佛光書局
高雄市前金區賢中街二十七號　☎（〇七）二七二八六四九
台北市忠孝西路一段七十二號九樓之十四　☎（〇二）二三一四四六五九
台北市汀州路三段一八八號二樓之四　☎（〇二）二三六五一八二六
台北縣三重市三和路三段一一七號　☎（〇二）二九八〇〇二六〇
□定　　價□二〇〇元
□印　　刷□沈氏藝術印刷股份有限公司　☎（〇二）二二七〇六一六一
□郵政劃撥第一八八八九四四八號　帳戶：佛光文化事業有限公司
□行政院新聞局出版事業登記證局版北市業字第四七八號
□如有缺頁或裝訂錯誤，請寄回本社更換

國家圖書館出版品預行編目資料

安般守意經／杜繼文釋譯. --初版. --臺北市：
佛光, 1997〔民86〕
面；　公分. --（佛光經典叢書；1216）
《中國佛教經典寶藏精選白話版；116》

ISBN 957-543-639-3（精裝典藏版）
ISBN 957-543-640-7（平裝）

1.小乘經典

221.8　　　　86008694